季风化雨

——聊城纪念季羡林诞辰110周年资料汇编

吴文立 主编

山东城市出版传媒集团·济南出版社

图书在版编目（CIP）数据

季风化雨：聊城纪念季羡林诞辰 110 周年资料汇编 / 吴文立主编. -- 济南：济南出版社，2022.3

ISBN 978-7-5488-5082-3

Ⅰ. ①季… Ⅱ. ①吴… Ⅲ. ①季羡林（1911-2009）—纪念文集 Ⅳ. ① K825.6-53

中国版本图书馆 CIP 数据核字 (2022) 第 038102 号

季风化雨：聊城纪念季羡林诞辰 110 周年资料汇编

出版人　崔　刚
责任编辑　丁洪玉　陈玉凤
装帧设计　张　倩
出版发行　济南出版社
地　址　山东省济南市二环南路 1 号（250002）
电　话　0531-86131729
网　址　www.jnpub.com
经　销　各地新华书店
印　刷　肥城新华印刷有限公司
版　次　2022 年 3 月第 1 版
印　次　2022 年 3 月第 1 次印刷
成品尺寸　170 毫米 ×240 毫米　16 开
印　张　14.75
字　数　200 千
印　数　1-2000
定　价　89.00 元

《季风化雨》编委会

编辑说明

习近平总书记在哲学社会科学工作座谈会上讲话时强调，“广大哲学社会科学工作者要有‘板凳要坐十年冷，文章不写一句空’的执着坚守，耐得住寂寞，经得起诱惑，守得住底线，立志做大学问、做真学问”。

无疑，出生于山东省临清市康庄镇官庄一个农民家庭的季羡林先生（1911—2009）就是这样一位“做大学问、做真学问”的杰出代表。这位闻名中外、爱国爱乡的社会科学大家是国际著名的东方学家、语言学家、文学家、国学家、佛学家、史学家、教育家和社会活动家，生前还担任聊城大学名誉校长。季老是临清、聊城的骄傲和光荣，“季羡林”早已成为家乡一张亮丽的文化名片。纪念季老、学习季老，聊城社科界更是责无旁贷。

2021 年 10 月 29 日，聊城首届招才引智活动周的一项重头戏——羡林学术高端讲坛启动仪式暨纪念季羡林先生诞辰 110 周年座谈会在季羡林先生的家乡临清举行。该活动由中共聊城市委、聊城市人民政府主办，聊城市社科联、聊城市地方史志研究院、山东社会科学院临清运河研究院、聊城大学季羡林学院承办，中共临清市委宣传部、聊城幼儿师范学校、临清市地方史志研究中心、临清市社科联、临清京杭书院协办。

羡林学术高端讲坛启动仪式暨纪念季羡林先生诞辰 110 周年座

谈会分三个阶段进行：第一阶段，举行羡林学术高端讲坛启动仪式；第二阶段，邀请季老母校山东大学颜炳罡教授做羡林学术高端讲坛第一讲学术报告，题目是《人文化成与斯文中国的重建》；第三阶段，召开纪念季羡林先生诞辰 110 周年座谈会暨“羡林学者培育工程”现场推进会。在各方的共同努力下，本次活动取得了圆满成功，许多专家也提出了许多好的意见建议。根据专家的建议，聊城市社科联研究决定，将编辑《季风化雨——聊城纪念季羡林诞辰 110 周年资料汇编》一书列入“地方文化研究工程”并委托出版社出版，希望以此记录这一值得纪念的重要活动，激励我们更好地学习、传承季老的学术品格和爱国精神，砥砺奋进，勇毅前行，为推动聊城社科工作在全省“争创一流、走在前列”，进而为全面建设社会主义现代化国家做出应有的贡献。

吴文立

2021 年 12 月 20 日

（吴文立系山东省聊城市社科联党组书记、主席，市社会科学院院长）

目 录

致辞

报道

下编：学习研究

思念

研究

传承

附编：资料摘编

纪念掠影

聊城墨宝

（代序一）

文化与经济同时搭台唱戏是条阳光大道

季羡林

清渊诗社成立五周年了，对诗社本身来说，这当然值得庆祝。对临清市来说，我认为，也是值得庆祝的。

临清自古为鲁西北文化经济重镇，流风余韵，辉耀齐鲁。可惜时移世变，津浦铁路一修成，大运河又部分断了流，这对临清经济和文化的发展，当然产生了剧烈的消极影响。在经济方面，大有一蹶不振之势。但是，文化命脉却从未中断。在比较艰苦的条件下，能诗善书画之士接踵兴起，各领风骚。我市曾与北京大学在北京海淀举行书画联展，一时誉满京西，成为艺坛佳话。这在山东全省也是难能可贵的。

为什么能出现这种情况呢？地方历史文化积累雄厚，这是基础。在这个基础上，一些有识之士，在离退休之后，不甘饱食终日，而是老骥伏枥，志在千里，奔走呼号，惨淡经营，终于组成了清渊诗社、枣花书画社等等文学艺术团体。即以清渊诗社而论，创建以后，于今五载，以文会友，大扇诗风，成为临清文坛上一重要组织。如果要评功摆好，胡雷同志之功决不可泯。他宝刀不老，壮心不已，踔厉风发，所向无前，创诗社，建碑林，为我们临清市增添了光辉。

现在我国正努力振兴经济，初步成果，光照寰宇。但窃以为对文化事业似有所忽视。综观全球，远之如日本之所谓明治维新，近之如亚洲之几小龙，经济腾飞，无不文化经济并举。纯靠科技而能兴国者，未之闻也。

现在我们临清市，既抓经济，又抓文化。民间组织如清渊诗社等等，从旁鼓吹，真如锦上添花。现在社会上流行着两句话："文化搭台，经济唱戏。"大意似有针砭。我看，我们临清的情况则是，文化和经济同时搭台，文化和经济同时唱戏，这是一条阳光大道。有朝一日，我们必能文化和经济双丰收，这是完全可以预卜的。

在祝贺清渊诗社成立五周年，祝贺《清渊诗选》出版之际，偶有所感，简述如上。希望乡亲们和同志们能了解我的心情。

1992年12月26日

[本文系季羡林先生手稿，两页，原标题为《清渊诗选序》。在序文中，季老针对当时流行的"文化搭台，经济唱戏"现象，明确指出："文化和经济同时搭台，文化和经济同时唱戏，这是一条阳光大道。"这一观点是十分有远见的。为保存手稿内容，特将《清渊诗选序》收录，序一标题为编辑所加。临清市清渊诗社成立于1987年11月，季羡林先生和臧克家先生应邀担任名誉社长。清渊之名源于清渊县，西汉元封五年(公元前106)置，十六国后赵建平元年(330)，改清渊县为临清县。]

（代序二）

斯人已逝　风范永存

何宪卓

尊敬的各位领导、各位来宾，同志们、朋友们：

大家上午好！

今天我们怀着无比崇敬的心情，隆重举行纪念季羡林先生逝世十周年扫墓追思会，共同表达对季羡林先生的无限哀思。在此，我代表临清市委、市政府，向季羡林先生表达最深切的怀念！向参加今天纪念活动的各位领导、各位来宾表示衷心的感谢！

季羡林先生是我国学术界的一代宗师，是83万家乡人民的自豪和骄傲。他一生经历曲折，少小离家、负笈求学，留德十年、心系祖国，身处牛棚、困而弥坚。他一生治学严谨，学贯中西，博古通今，著作等身，是享誉中外的东方学家、语言学家、文学家、国学家、佛学家、史学家、教育家。他一生克勤克俭、淡泊名利，谦虚谨慎、坦诚待人，深为世人景仰。他一生心系故土，始终关心家乡建设，为家乡教育和文化事业发展做出了突出贡献。

临清的发展凝聚着季老的心血；季老对家乡的贡献，家乡人民不会忘记。先生辞世后，我市建设了季羡林先生纪念馆、憩园，修复了季羡林故居，举办了一系列纪念活动，传承发扬先生宝贵的精神遗产。

高山仰止，景行行止。当前，临清正处在决胜全面建成小康社会、实现高质量发展的关键时期，我们纪念和缅怀季羡林先生，最好的方式就是要学习和继承好先生孜孜不倦、学无止境的进取精神，精益求精、严谨治学的优秀品格，热爱祖国、情系桑梓的赤子情怀，进一步激发全市人民打造“一城三区”、建设“富美临清”的巨大热情，奋力开创高质量发展新局面！

斯人已逝、风范永存。我们永远缅怀季羡林先生！

（本文为时任中共临清市委书记何宪卓于2019年7月10日在纪念季羡林先生逝世十周年扫墓追思会上的致辞。2021年5月，何宪卓任中共聊城市委常委、宣传部部长。标题为本书编者所加）

（代序三）

学习季老学术精神　推动工作走在前列

王学臣

尊敬的王树理先生、颜炳罡教授，各位来宾，同志们：

值聊城市首届招才引智活动周开展之际，羡林学术高端讲坛在山东临清正式启动。这是贯彻习近平总书记关于深入推动黄河流域生态保护和高质量发展座谈会、人才工作会议和“七一”重要讲话精神，继承和弘扬季羡林先生严谨治学精神，促进学术交流繁荣的创新举措；同时，这对于吸纳更多高层次社科领军人才为鲁西高质量发展服务，激励更多社科人才扛起培根铸魂、述学立论、建言献策的责任使命，繁荣哲学社会科学，都将起到积极的促进作用。借此机会，我向羡林学术高端讲坛的启动表示热烈的祝贺！向为羡林学术高端讲坛启动筹备工作付出辛勤劳动的各承办、协办单位的同志们表示衷心的感谢！

季羡林先生学贯中西，汇通古今，著作等身，是国际著名的东方学家、印度学家、梵文语言学家、文学翻译家、教育家，堪称学术界的一代宗师。先生不仅学识渊博，而且品德高尚。无论在多么艰难的情况下，他都不忘祖国，不忘良知，不忘学术。留德十年，他心里始终牵挂祖国；“二战”结束后，立即辗转回到祖国。归国后的几十年间，他一方面积极献身于祖国的教育事业，为国家培养出一批又一批优秀的专业人才；另一方面，他怀着强烈的民族荣誉感开展学术研究，取得了一批世界瞩目的学术成果，实现了早年许下的“让外国学者也跟着我们走”的愿望。

为传承弘扬季羡林先生的崇高精神，学习先生的道德风范，光大先生的学术成就，临清市委、市政府投资兴建和修复了高标准的季羡林纪念馆、季羡林故居和季老的归宿地憩园，开展了一系列向季羡林先生学习的活动。为了表达对聊城大学名誉校长季羡林先生的敬仰，传承季羡林先生的优秀学术品格，2013年，聊城大学设立了本科拔尖人才培养特区——季羡林学院，将西校区内的湖命名为羡林湖；2020年，聊城市社科联会同市组织、宣传、人社、财政等部门主动作为，启动了“羡林学者培育工程”，这不但是全省首个市级社科人才工程，而且在全国也是鲜见的，受到广泛关注。“羡林学者培育工程”以闻名中外的聊城籍社会科学名家季羡林先生的名字命名，知名度高，利于传扬，可以激励大家以季老为榜样，传承季老“爱国、尊师、勤学、创新”的治学精神，加快成长，多出成果，服务社会，报效祖国。

今年适逢季羡林先生诞辰110周年，羡林学术高端讲坛应时启动，与“羡林学者培育工程”相得益彰，珠联璧合，必将展现出蓬勃的生机和活力。希望全市社会科学界以此为契机，全面贯彻习近平新时代中国特色社会主义思想，深入贯彻落实习近平总书记“七一”重要讲话精神和给《文史哲》编辑部全体编辑人员回信精神，进一步传承弘扬季羡林先生学术品格和爱国精神，紧紧围绕人民群众的社会科学需求，结合正在开展的党史学习教育，扎实推进理论创新，精心组织社科普及活动，坚守初心、引领创新，围绕“增强做中国人的骨气和底气，让世界更好认识中国、了解中国”这一重大课题，努力书写中国特色哲学社会科学聊城新篇章，为推动聊城各项工作在全省“争创一流、走在前列”贡献新的智慧和力量。

最后，祝各位领导、各位来宾工作顺利，生活愉快，万事如意。

谢谢大家！

（本文系2021年10月29日聊城市政协副主席、聊城大学季羡林学院院长王学臣同志在羡林学术高端讲坛启动仪式暨纪念季羡林先生诞辰110周年座谈会上的讲话。标题为编者所加）

上编

活动实录

HUODONGSHILU

贺 信 | HE XIN

◆ 北京大学外国语学院贺信

中共聊城市委、市政府:

欣闻临清隆重举办“全国羡林学术高端讲坛启动仪式暨纪念季羡林先生诞辰110周年活动”，北京大学外国语学院谨致以最热烈的祝贺!

季羡林先生生前始终热爱故土、心系乡梓。值此先生诞辰110周年之际，“全国羡林学术高端讲坛”在先生的家乡临清启动，具有特殊意义。这是聊城市、临清市文化与社科界的一件大事，是弘扬季羡林学术精神、加强学术交流、促进招贤引智、推动地方经济社会发展的一大盛举!

季羡林先生一生治学严谨、谦逊求实、见素抱朴、知行合一，有行高一世的道德风范。他是临清的骄傲，也是北大的骄傲! 我们将传承先生的精神，潜心学术，至诚报国，努力将先生开创的事业发扬光大。

衷心祝愿活动取得圆满成功!

此致

敬礼

北京大学外国语学院

2021年10月27日

中共聊城市委、市政府：

欣闻临清隆重举办"全国羡林学术高端讲坛启动仪式暨纪念季羡林先生诞辰110周年活动"，北京大学外国语学院谨致以最热烈的祝贺！

季羡林先生生前始终热爱故土、心系乡梓。值此先生诞辰110周年之际，"全国羡林学术高端讲坛"在先生的家乡临清启动，具有特殊意义。这是聊城市、临清市文化与社科界的一件大事，是弘扬季羡林学术精神、加强学术交流、促进招贤引智、推动地方经济社会发展的一大盛举！

季羡林先生一生治学严谨、谦逊求实、见素抱朴、知行合一，有行高一世的道德风范。他是临清的骄傲，也是北大的骄傲！我们将传承先生的精神，潜心学术，至诚报国，努力将先生开创的事业发扬光大。

衷心祝愿活动取得圆满成功！

此致

敬礼

北京大学外国语学院

2021年10月27日

◆山东大学校友会贺信

中共聊城市委、市政府：

欣闻“羡林学术高端讲坛启动仪式暨纪念季羡林先生诞辰110周年活动”在临清举办，山东大学校友会谨致以热烈的祝贺！

季羡林先生出生于临清，求学于山大，情系桑梓，钟情母校，他在山东大学100周年校庆大会上的讲话，令全体山大人感动不已。先生一生笔耕不辍、著作等身，在《文史哲》等一系列重要学术刊物上发表过众多文章。值聊城市招才引智活动周之际，羡林学术高端讲坛在先生家乡临清启动，这是聊城市、临清市文化和社科领域的一件大事，是弘扬季羡林学术精神、加强学术交流、促进招才引智活动的盛事！

季羡林先生热爱祖国、热爱家乡，学贯中西、古今兼通。他是聊城、临清走出来的著名学者，更是山东大学的杰出校友。值纪念季羡林先生诞辰110周年之际，让我们携手努力，全面贯彻习近平总书记人才工作会议重要讲话精神和给《文史哲》编辑部全体编辑人员回信精神，继承和弘扬季先生严谨治学精神，增强做中国人的骨气和底气，促进学术交流繁荣，激励更多社科人才为繁荣哲学社会科学、全面建设社会主义现代化国家贡献智慧和力量！

衷心祝愿活动取得圆满成功！

山东大学校友会

二〇二一年十月二十七日

山东大学校友会

贺信

中共聊城市委、市政府：

欣闻“羡林学术高端讲坛启动仪式暨纪念季羡林先生诞辰110周年活动”在临清举办，山东大学校友会谨致以热烈的祝贺！

季羡林先生出生于临清，求学于山大，情系桑梓，钟情母校，他在山东大学100周年校庆大会上的讲话，令全体山大人感动不已。先生一生笔耕不辍、著作等身，在《文史哲》等一系列重要学术刊物上发表过众多文章。值聊城市招才引智活动周之际，羡林学术高端讲坛在先生家乡临清启动，这是聊城市、临清市文化和社科领域的一件大事，是弘扬季羡林学术精神、加强学术交流、促进招才引智活动的盛事！

季羡林先生热爱祖国、热爱家乡，学贯中西、古今兼通。他是聊城、临清走出来的著名学者，更是山东大学的杰出校友。值纪念季羡林先生诞辰110周年之际，让我们携手努力，全面贯彻习近平总书记人才工作会议重要讲话精神和给《文史哲》编辑部全体编辑人员回信精神，继承和弘扬季先生严谨治学精神，增强做中国人的骨气和底气，促进学术交流繁荣，激励更多社科人才为繁荣哲学社会科学、全面建设社会主义现代化国家贡献智慧和力量！

衷心祝愿活动取得圆满成功！

山东大学校友会

二〇二一年十月二十七日

◆季清贺词

各位市领导和专家们：

大家好！

井扬部长让我给羡林学术高端讲坛启动仪式致辞，由于通知得比较晚，我只有在这里代表我哥哥季泓、表弟何巍简短地讲两句。

大家都知道，季羡林学贯中西，他一生坎坷，却有不少幸运的机缘出现。比如，曾祖父想让他考邮局职员即可，爷爷却同时考取北大和清华；他虽然是读德文的，却回家做古文教员；逢中德交换留学生招生，他抱着试一试的心情被录取了，从此开始了他长达十年的有家不能回、有国不能报的生涯。1946年，爷爷回到祖国，正值“二战”刚刚结束，工作无着，寄居在朋友家中。幸及时接到北大的工作邀请，一路走下来，把自己的一生奉献给了北大和中国的教育事业。

我这样三言两语就把爷爷的一生概括出来，可能有人会说：他很幸运啊！可是，请不要忘了，机缘出现必须要抓住，抓住机缘的条件是你必须有实力，抓得住才行。所以，任何地方招收人才看的是实力，看的是功力。爷爷四年大学主修的是西洋语言，毕业后能担任国学教员，没有汉语功底是不可能的；考德国留学生，没有坚实的功底也是不可能的；回国马上被邀请创建北大的东方语言文学系并担任系主任，当然更需要实力加功力。因此，希望大家珍惜机会、机缘，也希望大家抓住所有可以学习的机会，充实自己，为建设祖国做好准备。

祝本次活动圆满成功。

感谢大家的支持。

谢谢！

扫描二维码可收看相关视频

（本文根据季清发来的祝贺视频整理）

◆人文化成与斯文中国的重建

颜炳罡

编者按：2021年10月29日，聊城首届招才引智活动周的一项重头戏——羡林学术高端讲坛启动仪式暨纪念季羡林先生诞辰110周年座谈会在季羡林先生的家乡山东省临清市举行。来自季羡林先生母校山东大学的颜炳罡教授应邀出席活动并做羡林学术高端讲坛第一讲，题目是《人文化成与斯文中国的重建》。

有幸来到聊城，出席羡林学术高端讲坛启动仪式暨纪念季羡林先生诞辰110周年座谈会，且做羡林学术高端讲坛首讲，这是我的荣耀，同时也寄托着临清人民、聊城人民对山东大学人文社会科学学者的一种期盼和期待。

一、聊城是一块文化热土

在山东，除了我的家乡临沂，最近十年来，我到得最多的地方就是聊城，一年大概有七八次之多。为什么如此频繁地来这里呢？因为我对聊城这块文化的热土充满了殷切的期盼和满满的敬意。我是带着学习的心而来，向历史上聊城的先贤学习，向今天生活在聊城这块土地上的各位领导、贤达和同学们学习。

走进聊城，想想这是武训先生走过的土地，这里留下了武训先生的脚印，不禁对这片文化热土充满无限敬仰！武训先生的形象长期存在我的脑海中，我时常想起他，他是我崇拜的“偶像”。武训，一位乞丐，因为自己不识字，上了当，受了骗，自己发誓去办义学，教人识字，让像他那样的穷人不再上当受骗。凭着自己坚韧不拔的顽强精神和坚定的志向，硬是靠乞讨办了三所“义学”。这是一种什么精神？这就是儒家推己及人的仁爱精神！这是一种什么情怀？这就是儒家推己及人乃至舍己为人的情怀！这大概就是《中庸》所说的“絜矩之道”在现实生活中的体证吧。如果我们中华民族的每一个成员都有武训兴学那种精神、那样的情怀，我们这个国家何愁不强，我们这个民族一定会走向强盛！中华文化何愁不光，中华文化一定会走向复兴！

武训先生的这种仁爱精神感召着我，让我留恋聊城！

聊城有武训，还有傅斯年、季羡林，他们的品格和他们的学问，永远值得我们这些后辈学习；更有张自忠将军、范筑先将军，等等，他们的爱国情怀，气贯长虹，可昭日月，永远存在天地间，永远让后人敬仰。季羡林先生的学问，我辈几乎不敢望其于万一。如果我们像季羡林先生一样，哪怕在某一方面做得像他那样，此生足矣。可以说，产生了武训先生的仁爱、张自忠将军的气节、范筑先将军的肝胆、傅斯年先生的品性、季羡林先生的学问的这样一块文化热土，我们能不常来凭吊一下？能不常来感怀一下？

聊城这个地方，为什么有这么丰富的文化资源？没有历史文化积淀能这样吗？如果我们继续向前追寻就会发现，聊城曾是王阳明心学的重镇，明代“北方王门七贤”都是聊城人，现在聊城古城里有个“七贤祠”，供奉的就是他们。他们都是阳明后学的重要人物，而造就“七贤”的功臣中，有一位与我同姓的人——心学创始人王阳明的传人，叫颜钥。他是江西人，做过茌平县教谕，相当于现在的县教育局局长，是他把王阳明心学在茌平乃至聊城传播开来。颜钥有一个弟弟叫颜钧，号山农，是阳明后学的杰出代表，也是我们今天从事乡村儒学、社区儒学的先驱式人物。当年，颜山农从北京一路南下，专程到茌平来看望哥哥颜钥，且在聊城短暂停留。那么，颜山农当年走的是哪条路呢？虽然没有史料记载，但是我完全可以猜想，他可能是通过京杭大运河来的，很可能在临清这个地方上岸。颜山农讲学，所到之处非常轰动，听他讲学的人多时有几千人之众。在那个时代，他虽然读书不多，没有什么大的功名，但他影响了许多有功名的人、有学问的人，有些中进士的人仍然拜他为师，向他学习。我认为，颜钧是位了不起的文化人物，他影响了聊城，也影响了全国。他播下的文化种子，至今仍然在发挥着影响，聊城大地上至今仍然活跃着坚持推广乡村儒学的刘庆涛先生、创办临清京杭书院的李忠厚先生等一批人，他们就是当代武训，毅然扛起传播普及优秀传统文化这面大旗。那么，我们今天坚持推广普及优秀传统文化的目的是什么呢？我认为，就是我们今天这个演讲的主题——人文化成与斯文中国的重建！

何谓“人文化成”？如何才称得上“斯文中国”？

二、“人文化成”就是“以文化人，以文育人”

2019年5月4日，到新加坡出席纪念五四运动一百周年国际学术研讨会，我是唯一来自中国大陆的主讲嘉宾。我演讲结束后，接受现场听众的提问。其中一位外国学者问我一个问题：“经过四十年的改革开放，中国是富起来了，现在中国很强大，但中国很伟大吗？”这个问题极具挑衅性。作为中国学者，必须表明自己的立场。我回答说：“我们中国有5000年的文明，是世界上唯一未中断的文明形态，我们中国不伟大吗？中国自古是礼仪之邦、文明古国，我们不很伟大吗？两千多年前，能产生孔子的地方，能提出‘天下为公’‘四海之内皆兄弟’的民族，能不伟大吗？”我回答完毕，现场响起热烈的掌声。

当然，强大不一定伟大。什么才叫伟大？伟大就是受人尊重，强未必受人尊重。受人尊重需要什么？怎样才能受人尊重？一个民族，人民有文化，这个民族才能受人尊重；一个民族有礼义，才能受人尊敬。用我们今天老百姓的话说，你懂得礼貌，才受人尊重。而想要受人尊重，首先要懂礼。连礼都不懂，谁尊重你？用临清话说，就是“不受待见”。我的老母亲今年87岁了，是个标准的农民，不识字，但是她经常这样判断人：看到一位年轻后生，穿戴整齐、干净，很懂礼貌，就说：这个孩子“斯斯文文的”，或“这个孩子很斯文”。斯文就是有礼貌的人。

“人之初，性本善。”我们每一个人，天赋之性就是我本善良。但是，我们天生就懂得礼吗？善良与生俱来，但礼仪规范不是与生俱来的。要知道，礼是要教化的。人由不知礼，到知礼、明礼、懂礼、依礼而行的过程就是人文化成的过程。化成就是把我们化成一个斯文人、一个文明人、一个懂礼貌的人。礼就是文，斯文就是中华礼乐文明。如果中国人都是懂礼貌的人，都是文明人，斯文中国就建起来了。

如何建设斯文中国呢？

习近平总书记说过这样一段话：“中华文化源远流长，积淀着中华民族最深层的精神追求，代表着中华民族独特的精神标识，为中华民族生生不息、发展壮大提供了丰厚滋养。中华传统美德是中华文化精髓，蕴含着丰富的思想道德资源。不忘本来才能开辟未来，善于继承才能更好创新。对历史文化特别是先人传承下来的价值观念和道德规范，要坚持古为今用，推陈出新，有鉴别地加以对待，有扬弃地予以继承，努力用中华民族创造的一切精神财富来以文化人、以文育人。”“以文化人，以文育人”是习近平总书记对全国人民提出的要求，是这个时代的文化使命。一个人经过这种文的“化”，通过文化的养育、陶冶，才能成个“人”，才完成了社会化的过程，这就是人文化成。

“人文化成”出自儒家六经之一的《周易》：“观乎天文，以察时变。观乎人文，以化成天下。”（《周易·贲·彖辞》）文即纹，本义是指纵横交错的纹路，引申为条理、秩序；化是动词，转化、变化。自然人是不完美的，是动物性存在，干什么事不避讳；人不能像动物那样，所以对人要化之，要改变、提升。用什么来转化与提升呢？这就是礼。人间的“文”指的是人间的条理、做人的社会条理，这就是文，就是礼。“观乎天文”就是考察天象，引申为天体运行、变化规律，可以知道四时季节的变化；“观乎人文”就是考察人间社会的规律、条理，可以看到人世间的文明程度，由文明程度就可以看到这个社会的状况，进而教化天下，让天下都很有教养，这是文明的理想状态。

三、儒学是人文化成之道

孔子之所以是至圣先师，归根到底是他以文自任，以华夏民族的伟大文化传人自居，“斯文在兹”四字是用来赞扬孔子的。孔子当年在匡地被围，在危急关头说：“文王既没，文不在兹乎？天之将丧斯文也，后死者不得与于斯文也；天之未丧斯文也，匡人其如予何？”（《论语·子罕》）大概意思是说：周文王已经死了，中国的礼乐文明不都体现在我身上吗？上天如果想要消灭华夏文明，那我就不可能掌握这种文明了；既然我已经掌握中华文明，那就说明上天不想消灭华夏文明；既然如此，匡人又能把我怎么样呢？这就是我们经常说的“斯文在兹”的出处。“斯文”在哪里？在孔子那里。我不知道在座的年轻朋友或老师们到没到过曲阜孔庙或中国乃至世界上任何一个孔庙。在全国任何一座孔庙大成殿内正中、孔子塑像上面，都悬挂着三个匾额。一个是“万世师表”，赞美孔子是万世以来所有老师的榜样。既然是师表，那么天下老师都要向他学习。这个匾额是清朝康熙皇帝题写、用来颂赞孔子的。第二个是“生民未有”，什么意思呢？自人类诞生以来，就没有一个人比孔子更伟大。“生民未有”这四个字出自《孟子·公孙丑上》，原为孔子的学生子贡赞美孔子的话。清朝雍正皇帝用这四个字来颂扬孔子。第三个匾额就是“斯文在兹”这四个字，这是晚清光绪皇帝用来颂扬孔子的。什么意思？我们华夏民族的文化教养在哪里啊？在孔子那里！孔子的思想从哪来的？孔子说：“述而不作，信而好古。”孔子说：我没有创过什么，我是从先辈那里继承来的，我的思想是从历史上传承下来的。有学者高度评价孔子说：中华文明上下5000年，孔子处在2500年的中间点上，孔子以前的2500年的文化，都收在孔子那里，孔子以后的2500年的文化都由孔子所开创。所以，孔子是中国文化之中心。

孔子是以文自任，继往开来。他是儒家文化的开创者，儒学构成了中华文化的主流和根干。因此，从功能主义的角度立论，儒学是人文化成之道。我们为什么要化成呢？化成就是我们由自然人转化成文明人。我们每一个人都要有这种转化：人一生下来只是个自然人，我们要转化成社会人、政治人、商人，等等。但是无论你要成为哪类人，都要先转化成文明人。孔子说，“兴于诗，立于礼，成于乐”，揭示的是养成君子人格所必修的三项课程或工夫。我们经常看央视《中国诗词大会》节目，诗歌是要干吗的？诗歌是培养人的丰富想象力，唤起我们的情感世界。孔子还说：“不学诗，无以言。”“不学礼，无以立。”礼，礼仪是一套规范，是我们立身处世的准则、规矩。一个学校要有规矩，一个企业要有规矩，一个家庭要有规矩，一个社会要有规矩，做官经商都有它的规矩。你接受它的规矩，就接受它的礼，可以做官，可以经商，可以为农，可以为工，无处不可以立身，无处不可以立足，即立身成人。通过诗歌的演习、礼仪的训练，有了“诗”“礼”的具体修养，以乐“和”之，即“乐”的性情熏陶，方近于君子人格的养成，这就是人文化成。

四、人文化成首先要做到自我教化

孟子说过：“人之所以异于禽兽者几希。庶民去之，君子存之。”（《孟子·离娄下》）“几希”就是很少，几乎没有。孟子说：人和禽兽的区别非常小。往往君子都能够保持住这点区别，一般人就把这点区别丢了。那么，这点区别是什么呢？就是《三字经》所说的“人之初，性本善”“苟不教，性乃迁”。人和动物的区别就是“我本善良”。但是，一些人把善良的本性丢了，由善良变得不善良。要想保持善良的本质，怎么办呢？就要接受教化。这种教化，叫自我教化。当代大儒梁漱溟先生说：“儒学孔门之学，反躬修己

之学也。”儒学是教人修身的。我们每个人都要修身。孟子坚持“性善论”，教育人通过修身习礼激发人的本性之善。而荀子坚持“性恶论”，那么，荀子认为人应该接受礼仪吗？答案是肯定的。荀子说：“水火有气而无生，草木有生而无知，禽兽有知而无义，人有气有生有知亦且有义，故最为天下贵。”（《荀子·王制》）他还说：“学恶乎始？恶乎终？曰：其数则始乎诵经，终乎读礼；其义则始乎为士，终乎为圣人………若其义则不可须臾舍也。为之，人也；舍之，禽兽也。”（《荀子·劝学》）他的意思是说，为什么万物当中人最为贵？因为人有那点礼义。如果人没有礼义，那就变成什么？人就变成禽兽，人和禽兽的区别就在于懂不懂得道德礼义；没有知觉，人就变成草木了。草木是什么？作为人来讲就是植物人。所以守住礼义，就是守住了做人的底线，就是这个意思。

古人曾言：“不为圣贤，便为禽兽。”这是说一个人不想成为圣贤，那就是禽兽；不想成为禽兽，就要修身。修身怎么修啊？有两种方法：一种是迁善，“见贤思齐焉”“就有道而正焉”。另一种方法是改过。人非圣贤，孰能无过。过而能改，善莫大焉。聪明的人，有智慧的人，有德行修养的人，都可以做到。孔子最欣赏的学生颜子，可以做到“不贰过”。

修身是德行修养，最根本的原则与方法是“反求诸己”。

孟子说：“爱人不亲，反其仁；治人不治，反其智；礼人不答，反其敬。行有不得者，皆反求诸己，其身正而天下归之。”（《孟子·离娄上》）修身的精义就在于“行有不得，反求诸己”。儒家思想的精髓就在于，向内求而不是求诸外，即要求时时处处向自己身上反省：与同学发生问题了，先问问是不是自己有做得不对的地方，而不是首先指责对方；同事之间闹别扭了，首先问问是不是自己有问题而不是去指责同事；父子相交、兄弟相交、夫妻相交及与所有人相交都是如此。“行有不得者，皆反求诸己”，先自我反思：是不是我错了？当代大儒熊十力先生说：“圣贤学问，一点血脉，‘反求诸己’四字而已。”圣贤著了那么多书，讲了那么多言语，他只要你记住四个字“反求诸己”。领悟了这四个字，你就抓住了做圣贤的精华，这是儒家修身思想的精髓。

五、人还必须接受教化接受他化，又有责任化他

当前，我们生活在全面小康的时代。在这个时代，我们都达到了饱食暖衣的水平。但是，孟子说：“人之有道也，饱食暖衣，逸居而无教，则近于禽兽。”（《孟子·滕文公上》）意思是说：人吃饱了，穿暖了，居住条件好了，如果不接受教化，就和动物差不多。

前面讲的教化主要是人文教化，侧重于化自和自化：化自就是转化自己、成就自己，自化就是自我教化。但是，人还必须接受教化、接受他化，同时又有责任化他，尤其是我们幼师的同学们，这一点要特别注意。你们长大了，面对的是小孩甚至幼儿，你要自化，又承受化他之责。看护幼儿、照应幼儿需要什么？最重要的是有一颗爱心，这就是仁爱之心，就是仁心。因此，孟子说：“圣人有忧之，使契为司徒，教以人伦：父子有亲，君臣有义，夫妇有别，

长幼有序，朋友有信。”（《孟子·滕文公上》）我们要想不“近于禽兽”，成为文明人，首先要明人伦，人伦中最大的就是这“五伦”，所以明这五伦就是明人伦：“父子有亲，君臣有义，夫妇有别，长幼有序，朋友有信。”我们每个人都明人伦了，为儿子的做到孝，为父亲的做到慈，为领导的做到仁，为下属的做到敬，天下做朋友都讲信用，这个社会不就文明了吗？中国不就斯文了吗？所以，中国文化体现在我们每一个人的身上。

六、把文化从书斋里解放出来

2015 年 5 月，我应邀担任聊城海源书院院长，接受《聊城日报》记者采访时说了一句话：“愿为往圣开新学。”这篇《颜炳罡：愿为往圣开新学》的新闻报道至今还在好多网站上挂着呢。开新学是要干什么呢？开新学是相对于“继绝学”而言的。长期以来，我们总是“为往圣继绝学”。可以说继了绝，绝了继，中华文化，不绝如缕，十分悲惨。何以造成这一局面？说到底是由于知识分子负担过重，而民众负担过轻造成的。所以，我们要把文化从少数知识精英身上、从书斋里解放出来，还给千千万万的大众。少数知识精英有文化并不代表中国就有文化。只有千千万万的大众有文化，中国才算是真有文化。中国不是空洞的概念，我们每一个中国人都代表着中国。所以斯文中国的重建，是每个人的天职，你有责任，我也有责任，人人都有责任。

华夏中国自古就是礼仪之邦、礼仪之国。唐朝孔颖达《春秋左传正义》记载：“中国有礼仪之大，故称夏；有服章之美，谓之华。”所以说，中国是个文化观念，也是个政治观念。因为是文化观念，我们就有了“华裔”的说法。大家读过《论语》没有？《论语》最后一篇叫《尧曰篇》，记载了尧临终对舜的托付：“尔舜！天之历数在尔躬，允执其中。四海困穷，天禄永终。”舜临终的时候又把这个话说给了禹，禹又被商汤、文王、孔子所继承，这就是“中华道统”。允，是牢牢的意思。“允执其中”四个字，就是牢牢地把握住中道中正的意思。中国之所以为中国，原因只有一个：中国者，是中道之国也，中正之国也。北宋时期，有一个思想家叫石介，山东老乡，他写过一篇最早论中国的文章——《中国论》，专门说明中国何以为中国：“夫中国者，君臣所自立也，礼乐所自作也，衣冠所自出也，冠昏祭祀所自用也，缞麻丧泣所自制也，果瓜菜茹所自殖也，稻麻黍稷所自有也。”他在文章中说，所有东西中国都拥有，中国是一套自成体系的文明啊。对中国人来说，值得骄傲的是什么？最值得骄傲的是，我们有礼仪之大，我们有章服之美，我们是个文明的国家！你看，世界各国来向我们取法：从魏晋南北朝以来，日本等各国陆续派出遣唐使到中国来学习。来学什么？学文化，这一点在今天来说也是非常重要的。所以说，人文化成是每一个知识分子的天职与使命。

为什么这么说呢？

七、斯文中国是当代知识分子的使命

当下，我们知识分子的角色与传统的知识分子的角色已经不同了。传统的知识分子希望“得君行道”，要得到皇上的信任后，才能实现自己的理想。所以，他是一味向上，不断向皇帝上奏疏，那时候的知识分子是这样的。现在的知识分子应该怎么办呢？由“得君行道”转向“觉民行道”，走到民间去，走到学校去，走到企业中去，向老百姓、向大众讲道，把中华文化、中华文明讲出去，唤起民众的道德良知，这就是对大众进行教化，就是我坚持推广的大众儒学、草根儒学、实践儒学、生活儒学。

这么多年来，我之所以经常到聊城来，一个很重要的原因就是，向我们年轻的朋友、向喜欢乡村儒学的乡民，来传达我所学的知识，这就是“觉民行道”，要将以前向皇上写奏疏变成向大众传授知识。所以说，我们从“为往圣继绝学”提升到“为往圣开新学”，回归儒家的天职——人文化成、重建斯文中国，这就是我们当代知识分子的使命。

早在20世纪20年代，梁漱溟先生就曾经说过：“今之所谓知识分子，便是从前所谓的念书人。如果我们所讲，他是代表理性，维持社会的，其在社会中的地位就是众人之师，负着领导教化之责，很能超然照顾大局，不落一边。实现理想型工作上，他是最合条件的。如果知识分子不能尽其天职，不能承担起教化大众的责任，只顾贪吃便宜饭，而且要吃好饭，那便是社会之贼，就不是大众之师，就是社会之贼。”他的意思是说，知识分子如果在社会上没有建树，就是在祸害这个社会。知识分子们，你是做民众之师，还是做社会之贼呢？

1939年，毛泽东同志在纪念五四运动时说：“知识分子必须和工农群众相结合。和工农群众结合，是判断一个青年知识分子，

是革命和反革命的分界线。和工农群众相结合，你就是革命。你不配合工农群众，那就是反革命。”

与梁漱溟先生的话相比，毛泽东同志的这段话更进一步为我们指出了方向：知识分子要做民众之师，不能做社会之贼啊。

当前，中国特色社会主义进入新时代，我们的知识分子有着新时代的使命和担当，应该尽到知识分子的责任。这个责任是什么呢？人文化成，重建斯文中国，让中国成为文明之国。也可以说：通过对中华传统文化的“创造性转化和创新性发展”，建设我们传统的礼乐文化，重建我们的礼乐之邦，这才是尽到了我们的使命，尽到了我们的天职。因此，我们要走一条和大众、社会充分结合、融合的新道路：要为往圣开新学，使中国由强大走向伟大，成为世界上最受人尊重的国家，中国人成为世界上最受人尊重的民族和群体。

走上这条新道路，任重道远，责任重大，不是一两个人所能完成的，我们每一个人都有责任。

在座的年轻朋友，寄希望于你们！

让我们共同努力，重建斯文中国！

谢谢大家。

（本文系根据录音整理，文中小标题为编辑所加。颜炳罡，山东临沂人，山东大学儒学高等研究院副院长、教授、博士生导师，山东省政府特聘泰山学者，山东省文史馆馆员。兼任国际儒学联合会理事、学术委员会委员，中华孔子学会副会长，中国孔子基金会学术委员会委员，贵阳孔学堂学术委员会委员，中国哲学史学会常务理事，山东周易研究会会长等。著有《当代新儒学引论》《心归何处：儒家与基督教在近代中国》《生命的底色》《中国儒学的现代转化》等20余部著作。颜炳罡教授是民间儒学、大众儒学、生活儒学、实践儒学的倡导者和躬身实践者，是山东乡村儒学的重要发起人。）

致辞 | ZHI CI

◆ 羡林学术高端讲坛启动仪式暨纪念季羡林先生诞辰110周年座谈会主持词

吴文立

第一阶段

（地点：聊城幼儿师范学校体育馆）

尊敬的各位领导、各位专家，同志们、同学们：

大家上午好！

金秋十月，层林尽染；运河两岸，色彩斑斓。今天，我们共聚一堂，在季羡林先生的家乡临清市隆重举行羡林学术高端讲坛启动仪式暨纪念季羡林先生诞辰110周年座谈会。

举办羡林学术高端讲坛启动仪式暨纪念季羡林先生诞辰110周年座谈会，其目的在于：以此贯彻习近平总书记“七一”重要讲话精神、人才工作会议重要讲话精神和给《文史哲》编辑部全体编辑人员回信精神，继承和弘扬季老严谨治学精神，增强做中国人的骨气和底气，促进学术交流繁荣；同时吸纳更多高层次社科领军人才为鲁西高质量发展服务，激励他们为繁荣哲学社会科学、全面建设社会主义现代化国家贡献智慧和力量。

作为聊城首届招才引智活动周的一项重头戏，羡林学术高端讲坛启动仪式暨纪念季羡林先生诞辰110周年座谈会由中共聊城市委、聊城市人民政府主办，聊城市社科联、聊城市地方史志研究院、山东社会科学院临清运河研究院、聊城大学季羡林学院承办，中共临清市委宣传部、聊城幼儿师范学校、临清市地方史志研究中心、临清市社科联、临清京杭书院协办。

羡林学术高端讲坛启动仪式暨纪念季羡林先生诞辰110周年座谈会在临清启动，有着十分特殊的意义。因为，临清是季老的家乡；同时，这个讲坛还是一个流动的平台、共享的平台，可以通过腾讯会议室、微信小程序实现线上线下互动，发展更广泛的形式。我们相信，通过搭建这个学术交流的平台，必将促进习近平总书记提出的“两创”方针在鲁西大地开花结果。

羡林学术高端讲坛启动仪式暨纪念季羡林先生诞辰110周年座谈会分三个阶段进行。

下面首先进行第一阶段的活动：羡林学术高端讲坛启动仪式。

出席羡林学术高端讲坛启动仪式的有：

全国政协委员、中国伊斯兰教协会副会长兼山东省伊斯兰教协会会长、著名作家王树理先生；

中华孔子学会副会长，国际儒学联合会理事，山东大学儒学高等研究院副院长、教授、博士生导师，山东省政府特聘泰山学者，山东省文史馆馆员，著名学者颜炳罡先生；

聊城市政协副主席、聊城大学季羡林学院院长王学臣同志；

聊城市委党史（地方史志）研究院院长郭杰同志；

聊城幼儿师范学校党委书记、校长林敬华同志；

聊城市社科联党组成员、副主席，市社科院副院长李新杰同志；

中共临清市委副书记雷启军同志；

中共临清市委常委、宣传部部长孟永超同志。

参加活动的还有季老亲属代表，“羡林学者培育工程”入选专家代表，聊城各县（区）社科联负责同志，各有关高校代表，临清市各镇街党委宣传委员、文化站长，市直宣传系统部分单位负责人，聊城幼儿师范学校教师和学生代表，京杭书院部分专家等，共计70余人。

另外，我们特邀了新华社、大众网、齐鲁网、聊城日报、新华网、光明网、中国新闻网、鲁网、中国青年报、经济日报、大众日报等新闻媒体记者。

鉴于疫情原因，活动采取线上线下相结合方式举行，聊城大学季羡林学院、外国语学院师生等以线上方式与会（微信小程序），由鲁网负责技术支持。

羡林学术高端讲坛启动仪式共有6项议程——

下面进行第一项，请观看季羡林嫡孙女季清女士发来的祝贺视频。

……

下面进行第二项，请中共临清市委常委、宣传部部长孟永超同志宣读北京大学外国语学院贺信、山东大学校友会贺信。

……

下面进行第三项，请聊城幼儿师范学校党委书记、校长林敬华同志致欢迎词。

……

下面进行第四项，请中共临清市委副书记雷启军同志致辞。

……

下面进行第五项，请聊城市政协副主席、聊城大学季羡林学院院长王学臣同志讲话。

……

下面进行第六项，启动羡林学术高端讲坛。

……

请王树理先生、颜炳罡先生、王学臣同志、郭杰同志共同按下启动球。

我宣布：羡林学术高端讲坛正式启动。

请大家休息5分钟，稍后我们将进行第二阶段的活动：羡林学术高端讲坛第一讲，请来自季老母校——山东大学的颜炳罡教授做学术报告。

第二阶段

（地点：聊城幼儿师范学校体育馆）

各位领导、各位专家、各位同学：

今天，我们非常荣幸地邀请季老母校的颜炳罡教授来共同见证羡林学术高端讲坛的启动，并为大家做首场报告。

在这里，我首先对颜炳罡教授做一隆重介绍。

颜炳罡教授，山东临沂人，山东大学儒学高等研究院副院长、教授、博士生导师，山东省政府特聘泰山学者，山东省文史馆馆员。著有《当代新儒学引论》《心归何处：儒家与基督教在近代中国》《生命的底色》《中国儒学的现代转化》等20余部著作。颜炳罡教授是民间儒学、大众儒学、生活儒学、实践儒学的倡导者和躬身实践者，是山东乡村儒学的重要发起人。颜炳罡教授的主要学术兼职有国际儒学联合会理事、学术委员会委员，中华孔子学会副会长，中国孔子基金会学术委员会委员，贵阳孔学堂学术委员会委员，中国哲学史学会常务理事，山东周易研究会会长等。

刚才，羡林学术高端讲坛正式启动了，我们专门邀请季羡林先生的母校——山东大学的颜炳罡教授在羡林学术高端讲坛做第一讲学术报告，有着特别的纪念意义。

颜教授学术报告的题目是：人文化成与斯文中国的重建。

下面，请颜教授为我们做报告，大家欢迎！

……

同志们、同学们：

颜教授以其渊博的学识、独到的学识为我们做了一场精彩的报告，我们深受教益。颜教授从季老、武训先生、张自忠先生等这些聊城的名人先贤、令中国人骄傲的楷模讲起，引经据典，生动讲述，阐述了这样的道理：人文化成是中华文化的功能，斯文遍地就是文明中国的重建，我们、你们、每一个人都责任在肩，任重道远。最后，他向大家提出了殷切希望：认真贯彻落实习近平总书记提出的“两创”方针，向季老学习，弘扬传统文化，以文化成，重建文明斯文的中国！

让我们以热烈的掌声再次向颜炳罡教授表示衷心的感谢！

第三阶段

（地点：学校办公楼5楼会议室）

同志们、朋友们：

现在，我们举行纪念季羡林先生诞辰110周年座谈会暨“羡林学者培育工程”现场推进会。

出席会议的有：有关专家、领导，季老的亲属代表，“羡林学者培育工程”专家代表及有关方面的同志。

会议共有七项议程。

下面进行第一项议程，请观看聊城大学季羡林学院“纪念季羡林先生诞辰 110 周年活动”视频。

……

下面进行第二项议程，请聊城市地方史研究会会长范景华教授捐赠《季羡林信札》并介绍有关情况。（转交井扬同志，合影）

……

下面进行第三项议程，陕西法门寺博物馆原馆长韩金科先生转赠季老给法门寺文化研究的题字。（复制品，由李新杰同志代为转交井扬同志，合影）

……

下面进行第四项议程，请“羡林学者培育工程”入选专家代表杨宏力、刘章发、孙剑、吕文冰同志发言。

……

下面进行第五项议程，请临清的老同志及有关领导、专家发言。

（马鲁奎、李忠厚、张家琪、赵金琪、张戈、于守平、林敬华、井扬、郭杰等依次发言）

下面进行第六项议程，请山东大学儒学高等研究院副院长颜炳罡教授做重点发言。

……

下面进行第七项议程，请聊城市政协副主席王学臣同志总结讲话。

……

各位领导，同志们：

季羡林先生一生心系桑梓，情牵故土。生前，他在家乡捐资助学，在乡外奔走宣传故土。身后，他热爱祖国、热爱人民、热爱家乡的崇高精神和高尚品格仍然熠熠生辉，灼灼我心。在此，希望所有敬仰季羡林先生的人，无论身在何时，身处何地，都要不断擦亮季羡林这张“文化名片”，继承季老的治学精神，共同把羡林学术高端讲坛这个平台建设好、使用好，继承先生遗志、弘扬先生精神、光大先生品格并继续推向前进，为繁荣发展习近平新时代中国特色哲学社会科学做出积极贡献！

◆ 在羡林学术高端讲坛启动仪式暨纪念季羡林先生诞辰110周年座谈会上的欢迎词

林敬华

尊敬的各位领导、各位专家，同志们、朋友们：

在季羡林先生诞辰110周年之际，羡林学术高端讲坛启动仪式在我校举行，这是对学校全体师生的巨大鼓舞！我代表全校师生，向各位领导、各位朋友表示衷心的感谢和热烈的欢迎！

聊城幼儿师范学校始建于1948年，2018年加挂聊城大学初等教育学院牌子。目前，学校占地420亩，建筑面积15.3万平方米，现有教职工252人，在校学生5200多人。主要开设初中起点“3+4”分段贯通培养本科学前教育专业，五年制高等师范教育小学教育、学前教育专业，三二连读高等职业教育音乐表演、环境艺术设计专业，三年制普通中专幼儿保育、音乐、美术、计算机应用等专业。学校始终坚持社会主义办学方向，牢记为党育人、为国育才的初心使命，秉承“学高为师、身正是范”优良传统，落实立德树人根本任务，为聊城市及周边地区培养了大批合格的中小学、幼儿园教师和管理人员，为聊城教育发展做出了积极贡献。

季羡林先生是国际著名的东方学家、语言学家、翻译家、史学家、文学家、佛学家、教育家和社会活动家。先生一生致力于学术研究和中外文化交流，心有良知璞玉，笔下道德文章，言有物，行有格，贫贱不移，宠辱不惊，为弘扬中华优秀传统文化不懈奋斗，取得了举世瞩目的成就。先生生前始终心系家乡，关注关心家乡教育文化事业发展，曾为我校题名“聊城师范学院临清分校”，寄予着对学校高质量发展的殷切希望。

今年是季羡林先生诞辰110周年。今天，我们汇聚一堂，共同缅怀先生的光辉一生和崇高风范，传承弘扬先生的爱党爱国情怀和严谨治学精神。全校师生将以纪念活动为契机，深入学习贯彻习近平总书记在中央人才工作会议上的重要讲话精神和给《文史哲》编辑部全体编辑人员回信、给全国高校黄大年式教师团队代表回信等重要批示指示精神，真正把为学、为事、为人统一起来，增强做中国人的骨气和底气，全力办好人民满意的教育！

预祝羡林学术高端讲坛暨纪念季羡林先生诞辰110周年活动圆满成功！

祝各位领导、各位专家和同志们、朋友们工作顺利、万事如意！

谢谢大家！

（作者系聊城幼儿师范学校党委书记、校长）

◆在羡林学术高端讲坛启动仪式暨纪念季羡林先生诞辰110周年座谈会上的致辞

雷启军

各位领导，各位来宾，同志们：

大家上午好！在全市上下深入学习贯彻习近平总书记视察山东重要讲话精神之际，我们在这里隆重纪念季羡林先生诞辰110周年，启动羡林学术高端讲坛。在此，我代表临清市委、市政府，向季羡林先生表示深切的怀念和敬仰，向各位领导、各位专家的到来表示诚挚的欢迎！向长期以来关心、支持临清社会科学事业发展的各界人士表示衷心的感谢！

季羡林先生是临清人民的杰出代表，一生致力于文化的传承、交流和创新，学贯中西，博古通今，著作等身。他视学术为生命，潜心治学、孜孜以求，取得了一批世界瞩目的学术成果。他对祖国无限热爱，积极投身高等教育事业，为国家培养了大批优秀专业人才。他一生淡泊名利、谦虚谨慎，生前撰文“三辞桂冠”。他始终心系桑梓、情系故里，捐资支援家乡教育事业，为临清文物保护工作做出积极贡献。近年来，临清市以康庄镇为中心，建设季羡林先生纪念馆、憩园，修复季羡林先生故居，努力打造省级国学小镇，让季羡林成了临清的一张文化名片。我们纪念季羡林先生，就要传承他追求真理、严谨治学的求实精神，朴实纯粹、潜心研究的奉献精神，守正创新、薪火相传，推动中华优秀传统文化创造性转化、创新性发展。

习近平总书记在中央人才工作会议上指出，“国家发展靠人才，民族振兴靠人才”，并提出“要培养造就大批哲学家、社会科学家、文学艺术家等各方面人才”。近年来，临清市坚持把人才强市建设摆在重要位置，不断畅通引才渠道，搭建育才平台，让各类人才的创造活力竞相迸发、聪明才智充分涌动，特别是在哲学社会科学领域，举办了季羡林文化研讨会、全国谢榛研究暨运河文化（临清）学术研讨会、山东社科论坛——大运河山东段建设研讨会等学术交流活动，成立了山东社会科学院临清运河研究院，为推动哲学社会科学蓬勃发展凝聚智慧、贡献力量。

今天，羡林学术高端讲坛在临清启动，这是聊城社会科学界的一次盛会，也是广大社会科学工作者的一件大事、喜事。恳请聊城市领导继续关心支持临清社会科学工作，多提宝贵意见建议。希望各位专家学者多到临清走一走、看一看，欢迎大家来临清创新创业、大展才华。临清市委、市政府将进一步完善政策、搭建平台、创新机制，不断提升服务效能，为人才发展营造良好环境，凝聚促进高质量发展的强大合力，为推动聊城在鲁西大地率先崛起做出积极贡献。

最后，预祝这次活动取得圆满成功！祝各位领导、各位来宾、各位朋友身体健康、工作顺利！

谢谢大家！

（作者时为中共临清市委副书记）

◆ 羡林学术高端讲坛在山东临清启动

金秋十月层林染，运河两岸书声扬。10 月 29 日，聊城首届招才引智活动周的一项重头戏——羡林学术高端讲坛启动仪式暨纪念季羡林先生诞辰 110 周年座谈会在季羡林先生的家乡山东省临清市举行。

活动由中共聊城市委、聊城市人民政府主办，聊城市社科联、聊城市地方史志研究院、山东社会科学院临清运河研究院、聊城大学季羡林学院承办，中共临清市委宣传部、聊城幼儿师范学校、临清市地方史志研究中心、临清市社科联、临清京杭书院协办。

全国政协委员、中国伊斯兰教协会副会长兼山东省伊斯兰教协会会长、著名作家王树理，中华孔子学会副会长、山东大学儒学高等研究院副院长、教授、博士生导师、山东省政府特聘泰山学者、

山东省文史馆馆员、著名儒学研究专家颜炳罡，聊城市政协副主席、聊城大学季羡林学院院长、教授王学臣，聊城市委党史（地方史志）研究院院长郭杰，聊城幼儿师范学校党委书记、校长林敬华，聊城市社科联党组成员、副主席、市社科院副院长李新杰，中共临清市委副书记雷启军，中共临清市委常委、宣传部部长孟永超等出席在聊城幼儿师范学校举行的羡林学术高端讲坛启动仪式。启动仪式由聊城市社科联党组书记、主席，聊城市社会科学院院长吴文立主持。

本次活动分三个阶段进行。第一阶段举行羡林学术高端讲坛启动仪式。与会人员共同观看了季羡林嫡孙女季清女士发来的祝贺视频，孟永超宣读了北京大学外国语学院贺信、山东大学校友会贺信，林敬华致欢迎词，雷启军致辞，王学臣讲话；伴随着热烈的掌声，王树理、颜炳罡、王学臣、郭杰共同按下启动球，羡林学术高端讲坛正式启动。

王学臣在讲话中指出，启动羡林学术高端讲坛是继承和弘扬季羡林先生严谨治学精神，促进学术交流繁荣的创新举措，对于吸纳更多高层次社科领军人才为聊城高质量发展服务，激励更多优秀人才为繁荣哲学社会科学、全面建设社会主义现代化国家都将起到积极的推动作用。他希望以纪念季先生诞辰110周年、启动羡林学术高端讲坛为契机，紧紧围绕人民群众的社会科学需求，结合正在开展的党史学习教育，扎实推进理论创新，精心组织社科普及活动，坚守初心、引领创新，围绕“增强做中国人的骨气和底气，让世界更好认识中国、了解中国”这一重大课题，努力书写中国特色哲学社会科学聊城篇章，为推动各项工作在全省“争创一流、走在前列”贡献新的智慧和力量。

第二阶段邀请颜炳罡教授做羡林学术高端讲坛首场学术报告。颜炳罡以《人文化成与斯文中国的重建》为题，从聊城历代文化名人着眼，用通俗易懂的语言阐释了中华文明的渊源，立足于当下中国的实践，分析了如何重建斯文、构建文明新秩序。通过此次讲座，与会人员对儒学的本质，对“人文化成”“人伦道义”等概念有了更为深入的了解，更加坚定了传承弘扬中华优秀传统文化的信心和决心。

第三阶段召开纪念季羡林先生诞辰110周年座谈会暨“羡林学者培育工程”现场推进会。与会人员共同观看了聊城大学季羡林学院“纪念季羡林先生诞辰110周年活动”视频；聊城市地方史研究会会长范景华教授捐赠了《季羡林信札》，陕西法门寺博物馆原馆长韩金科委托专人转赠了季羡林给法门寺文化研究的题字；“羡林学者培育工程”入选专家代表杨宏力、刘章发、孙剑、吕文冰，临清市博物馆原馆长、文史专家马鲁奎，临清京杭书院院长李忠厚，聊城市文联二级调研员张戈，中共临清市委宣传部副部长、市委党史（市地方史志）研究中心主任、山东社会科学院临清运河研究院院长井扬等陆续发言，表明了继承先生遗志、弘扬先生精神、光大先生品格，尽己之力繁荣发展哲学社会科学的决心。颜炳罡教授在重点发言中对季羡林这位山东大学杰出校友进行了高度赞扬，并称赞以季羡林先生名字命名的“羡林学者培育工程”体现了高度的文化自信和自觉，在全省乃至全国起到了示范引领作用，相信这一社科人才工程也必将对再造文化高地起到积极的促进作用。

王学臣做总结讲话。他充分肯定了举办这一活动的重大意义，并希望大家共同努力，不断擦亮季羡林这张“文化名片”，共同把羡林学术高端讲坛这个平台建设好、使用好，为繁荣发展习近平新时代中国特色哲学社会科学做出积极贡献！

据承办单位负责人介绍，羡林学术高端讲坛是聊城社科界共享的学术平台。全市各社科单位将根据自身需要，不定期邀请聊城以外的社科名家来聊开展讲座交流，带动本地中青年学者不断成长，以期传承季羡林先生的爱国精神和治学品格，推动聊城社

科研究水平不断提高。

鉴于疫情防控的需要，活动采取线上线下相结合方式举行。“羡林学者培育工程”入选专家代表，聊城各县(区)社科联负责同志，各有关高校代表，临清市各镇街党委宣传委员、文化站长，市直宣传系统部分单位负责人，聊城幼儿师范学校教师和学生代表，京杭书院部分专家参加了现场活动。聊城大学季羡林学院、外国语学院师生等以线上与会方式参加了活动。

（原载于人民网，2021年10月29日，记者：吉喆）

◆为推动社会文化发展贡献社科力量

10月29日，羡林学术高端讲坛启动仪式暨纪念季羡林先生诞辰110周年座谈会在季羡林先生的家乡山东省临清市举行。

汇聚社科力量　写好服务发展“大文章”

本次活动分三个阶段进行。第一阶段举行羡林学术高端讲坛启动仪式。与会人员共同观看了季羡林嫡孙女季清女士发来的祝贺视频，聆听了北京大学外国语学院贺信、山东大学校友会贺信。

聊城市政协副主席、聊城大学季羡林学院院长王学臣在讲话中表示，启动羡林学术高端讲坛是深入学习贯彻习近平总书记在深入推动黄河流域生态保护和高质量发展座谈会上的重要讲话精神和中央人才工作会议上的重要讲话精神，继承和弘扬季羡林先生严谨治学精神，促进学术交流繁荣的创新举措，对于吸纳更多高层次社科领军人才为聊城高质量发展服务，激励更多优秀人才为繁荣哲学社会科学、全面建设社会主义现代化国家都将起到积极作用。

王学臣表示，羡林学术高端讲坛坚持以习近平新时代中国特色社会主义思想为指导，以纪念季羡林先生诞辰110周年为契机，紧紧围绕人民群众的社会科学需求，结合正在开展的党史学习教育，扎实推进理论创新、精心组织社科普及活动，坚守初心、引领创新，围绕“增强做中国人的骨气和底气，让世界更好认识中国、了解中国”这一重大课题，努力书写中国特色哲学社会科学聊城篇章，为推动各项工作在全省“争创一流、走在前列”贡献新的智慧和力量。

搭建新型平台　推动聊城社科研究水平不断提高

第二阶段由全国政协委员、山东大学儒学高等研究院副院长颜炳罡做羡林学术高端讲坛首场学术报告。颜炳罡以《人文化成与斯文中国的重建》为题，从聊城历代文化名人讲起，用通俗易懂的语言阐释了中华文明的文化渊源，并立足于当下的现实要求，就如何构建文明新秩序进行了深刻而简洁的阐述。通过聆听报告，与会人员对“人文化成”“人伦道义”等概念有了更为深入的了解，更加坚定了贯彻落实“两创”方针、传承弘扬中华优秀传统文化的信心和决心。

第三阶段召开纪念季羡林先生诞辰110周年座谈会暨“羡林学者培育工程”现场推进会。与会人员共同观看了聊城大学季羡林学院“纪念季羡林先生诞辰110周年活动”视频；聊城市地方史研究会会长范景华捐赠了《季羡林信札》，陕西法门寺博物馆原馆长韩金科委托专人转赠了季羡林先生给法门寺文化研究的题字；“羡林学者培育工程”入选专家代表先后发言，表明了继承季羡林先生遗志、弘扬先生精神、光大先生品格，尽己之力繁荣发展哲学社会科学的决心。

颜炳罡表示，以季羡林先生名字命名的“羡林学者培育工程”体现了高度的文化自信和自觉，起到了示范引领作用，相信这一社科人才工程也必将对再造文化高地、促进文化强国建设起到积极的促进作用。王学臣在总结讲话中充分肯定了举办这一活动的重大意义，并希望大家共同努力，共同把羡林学术高端讲坛这个平台建设好、使用好，为繁荣发展习近平新时代中国特色哲学社会科学做出积极贡献。

据悉，羡林学术高端讲坛是聊城社科界共享的学术平台。全市各社科单位将根据自身需要，不定期邀请社科名家来聊开展讲座交流，带动本地中青年学者不断成长，以期传承季羡林先生的爱国精神和治学品格，推动聊城社科研究水平不断提高。本次活动采取线上线下相结合方式举行。该活动由中共聊城市委、聊城市人民政府主办，聊城市社科联、聊城市地方史志研究院等单位承办。

（原载于中国社会科学网，2021 年 10 月 29 日，记者：张杰）

◆大师之风　高山景行

——羡林学术高端讲坛暨纪念季羡林诞辰110周年座谈会在临清举行

临清是千年古县、山东省历史文化名城，这里人杰地灵、名人辈出，当代著名学者季羡林先生就是其中的翘楚。10月29日，羡林学术高端讲坛暨纪念季羡林诞辰110周年座谈会在临清举行，活动由中共聊城市委、聊城市人民政府主办，聊城市社科联、聊城市地方史志研究院、山东社会科学院临清运河研究院、聊城大学季羡林学院承办，中共临清市委宣传部、聊城幼儿师范学校、临清市地方史志研究中心、临清市社科联、临清京杭书院协办。社科界、地方史志研究、儒学高等研究等相关学者以及季羡林先生亲朋共襄盛会。

风从时间深处迤逦而来，百年光阴于历史而言不过沧海一粟，而季羡林先生奉献的一生、躬耕的一生，却在家乡人心中、历史书页上留下了浓重的一笔。

文化纵横　彼时潜心治学　此时以文化人

仁者乐山，智者乐水。长河浩荡，在时间的轴线上，把握住历史、现实与未来，高山巍峨，在精神的维度中，把握住时代精神、民族精神与个人价值，才能建立起真正的文化自信，推动中华优秀传统文化创造性转化、创新性发展。

在羡林学术高端讲坛，中华孔子学会副会长、山东大学儒学高等研究院副院长、教授、博士生导师颜炳罡以《人文化成与斯文中国的重建》为题，从聊城历代文化名人讲起，并立足于当下中国的现实要求，就如何重建斯文、构建文明新秩序进行了深刻阐述。同时，颜炳罡有感而发：“最近十年以来，除了自己的家乡临沂，来的次数最多的就是聊城。我对聊城文化充满很多的期待，自己从先贤前辈身上学习到很多。季羡林先生是山东大学的杰出校友，不论是精神品格还是学术研究，其中的宝贵财富是我取之不尽的。”

颜炳罡也提到，民众之师，即为往圣继绝学到开新学。今之所谓知识分子，便是从前所谓念书人。如我们所讲，它是代表理性，维持社会的。其在社会中的地位是众人之师，负责着领导教化之责，很能超然照顾大局，不落一边。如果不能尽其天职，只顾自己贪吃便宜饭，而且要吃好饭，那便是社会之贼。

纵观季羡林先生一生，他又何尝不是民众之师？先生一生心系桑梓、潜心治学。他省吃俭用，捐资支持家乡教育事业；他撰写文章，让外界了解临清、聊城的风采；他视学术为生命，终成中国文学界的国学大师，由为往圣继绝学到开新学。季羡林先生在写作时，始终掌握一条原则：绝不重复陈词滥调，没有新意不写。他常说：“鹦鹉学舌，非我所能；陈陈相因，非我所愿。写一篇文章，总想在里面提出哪怕是小小的一点新想法。”先生一生写下了1000多万字的论著，长的论文10多万字一篇，短的只有几百字，篇篇新论、新意迭出。

记忆拾贝　食味遥寄乡愁　心系家乡文化

一份记忆，一份情缘。活动现场，季羡林先生的亲朋纷纷谈起昔年旧事，斑驳往事宛在眼前。

临清市教育局教研室主任、高级教师于守平回忆，2008年，北京外国语大学教授陈琳来到临清，他陪着陈琳去了康庄。陈琳见季老故居有枣树，就找到一根杆子敲打树上的红枣，想带回去给季老先生吃。“打下的叶子比枣子还多！”于守平见状，赶紧找到附近有枣树的人家，让他们从自己家里打一些枣。后来，在季老先生家里打下七八个，他人送来七八斤，陈琳教授一块带去了301医院。之后，陈琳给于守平打电话，高兴地说：“守平啊，季老先生很喜欢这些枣子。老先生先抓起一个，护士觉得有泥土不干净，打算制止。谁知季老说，‘家乡的枣绝对安全’，就用手搓了搓枣子，尝了起来。”

在《高山景行——家乡人记忆中的季羡林先生》一书中，季羡林同宗曾孙季孟祥也提到：“多年前，每年的春节前夕，我父亲总是要给季老寄去一些晒干的红枣，季老很喜欢家乡的红枣。虽然他幼时只在家乡生活了6年，但是他对故乡的热爱却时时刻刻未曾疏忘。1992年的中秋节前夕，当我从家乡树上摘了一些新鲜的红枣直奔去看望他时，我绝未想到，一把红枣竟勾起老人浓浓的思乡之情。季羡林先生拿起一颗放进嘴里，一边吃一边说：‘几十年没吃了。家乡的红枣又脆又甜，很好吃。’”

现在修葺一新的季羡林故居院中，仍有三棵枣树。许多到过故居的人都问：这三棵是不是原有的？其实院中枣树原本很多，就连屋后也有两棵，后来有的太老，死掉了，有的因修路碍事刨掉了。而那三棵树一直长在那里，连位置也没有变，已经有100多年的历史了。

“季老晚年乡情愈浓，非常惦念家乡的社会经济发展和文化建设，尤其对文化、文物工作兴趣愈浓。”临清市博物馆原馆长、文史专家马鲁奎回忆，1991年9月，季羡林先生在聊城参加傅斯年学术研讨会，随代表们回家乡参观名胜古迹。在陪同参观临清舍利塔时，时任副市长马景瑞就塔体残毁窘况，向季老提出舍利塔是省级文物保护单位，能否帮助从国家文物局破例申请资金维修古塔的建议。季老回北京后，将临清市政府递交的材料又转交胡乔木，以求倾力相助，两位老人关心国家文物的热忱深深感动了国家文物局领导。1992年，临清舍利塔维修工程破例在国家文物局立项。1995年10月，由曲阜古建公司承修，历时近两年，舍利塔再现往日巍峨身姿。

泽被后世　培养羡林学者　践行文化自信

季羡林先生80多岁时开始写作《糖史》，他几乎每天泡在北京大学图书馆，在《四库全书》和“二十四史”中搜寻“糖”和“石蜜”，查阅的中外资料达几十万页。先生的一生，真正体现了为学日益、寸阴是竞的进取精神。

于个人而言，进取精神是挥斥方遒的一曲凯歌；于群体而言，进取精神是时代赋予的光荣使命。“羡林学者”就是一批秉承季羡林先生学术品格和爱国精神的杰出哲学社会科学领军人才。

就在活动当天，“羡林学者培育工程”现场推进会如期举办。“羡林学者培育工程”是聊城市重大人才工程的重要组成部分，是“水城优才”工程在社会科学界组织实施的具体方式，是培养哲学社会科学高层次人才的重要支撑。

在发言中，颜炳罡称赞了以季羡林先生名字命名的“羡林学者培育工程”，他说：“这体现了聊城人民高度的文化自信和自觉，在全省乃至全国起到了示范引领作用，相信这一社科人才工程也必将对再造文化高地、促进文化强国建设起到积极的促进作用。”

聊城市政协副主席、聊城大学季羡林学院院长、教授王学臣也表示，启动羡林学术高端讲坛是深入贯彻习近平总书记在深入推动黄河流域生态保护和高质量发展座谈会上的重要讲话精神和人才工作会议上的重要讲话精神，继承和弘扬季羡林先生严谨治学精神、促进学术交流繁荣的创新举措，对于吸纳更多高层次社科领军人才为聊城高质量发展服务，激励更多优秀人才为繁荣哲学社会科学、全面建设社会主义现代化国家都将起到积极作用。

远瞻凝思历史足迹，俯仰思量蓬勃未来。季羡林先生扎根文化沃土，甘做桥梁，为众人钩沉出厚重又纯粹的文化世界。让我们以这次活动为契机，循着先生的足迹，围绕“增强做中国人的骨气和底气，让世界更好认识中国、了解中国”这一重大课题，在学术创见中继承先生遗志，在古为今用中探求学术发展，努力书写中国特色哲学社会科学聊城篇章，为推动各项工作在全省“争创一流、走在前列”贡献新的智慧和力量。

（原载于《聊城日报》2021年11月3日，记者：赵琦）

下编

学习研究

XUEXIYANJIU

思 念 | SI NIAN

◆一个普通的伟人
——爷爷诞辰110周年有感

季清

我不觉得爷爷有多么伟大，但我确实觉得爷爷高尚而谦和。当有人吹捧爷爷时，爷爷要么是静静地坐着，似听非听，脑子早跑去想他的文章了；要么谦逊地微笑，摆手不断，说人家“过奖、过奖了”。我每每想到爷爷，往往是他那质朴的笑容和他趴在书桌前爬格子的样子。我和爷爷奶奶一起生活的那几年，是爷爷经历“文革”动荡的几年。在我的记忆中，那个年代爷爷很少露出笑容，然而一旦看到我们（我和哥哥）淘气的时候，爷爷的笑容却是那么由衷，那笑容就此植根在我的内心。

那时我还很小，对时事当然是无所知、无所感，懵懵懂懂地跟着三位老人和哥哥挨日子。怎么说是挨日子呢？因为，小小年纪，突然被告知幼稚园关门了，要搬到乡下去了，身边没有了父母，没有了熟悉的小伙伴，没有了可敬的老师，而北大的生活起初是不安宁的。爷爷被打倒，被关牛棚；奶奶由于不懂得这社会发生了什么事情，天天担惊受怕，心脏病常常发作。又是老祖（太奶奶）承担起了照顾我和哥哥的任务。我经常跟在老祖的身后，采草药，挖野菜，甚至去给人家看病以赚取一些零用钱来帮助全家度日。那个时候，住在北大十三公寓的人大多是“有问题的”，像爷爷那样的“反动学术权威”之类。他们的年纪和爷爷奶奶相仿，许多与我们同龄的孩子也是同我们一样，被寄放在祖父母家中的。虽然我们是一群“问题”家庭的“问题”孩子，但我们也有我们自己的娱乐方式，有我们自己的一片快乐天地。一到冬天，公寓前面的湖水结冰，我们就会和其他公寓的孩子们一起在冰上滑冰车玩。游戏规则有些像冰球，唯一不同的是，我们脚下没有冰鞋，而是跪在或坐在自制的冰车上相互追逐嬉戏，把一块石头打进对方的“球门”。有时候，爷爷会站在阳台上看我们这群顽皮的孩子在冰上玩耍，脸上露出欣赏的微笑。

爷爷从牛棚里被放出来后，仍是天天外出“上班”。每次他回到家里都是一脸的疲惫，我总是不知好歹地跑上去喊着“爷爷，爷爷”，张开两只小胳膊要爷爷抱。有时，爷爷会弯下腰把我抱起来，走到他的书桌前才把我放下，我就知道，今天爷爷的心情不错；有时，爷爷只是摸摸我的头发，轻轻地说一声“哦，小清”，就径自走进他的房间，在他的书桌旁坐下，碰到这种时候，我就乖乖地跑去找老祖和奶奶。

说起爷爷，有很多回忆在我的脑子里转，而每一个回忆都会使微笑爬上我的面颊。在这里，我就拣几件有趣的事情来唠叨唠叨吧。

爷爷很喜欢出游。一有机会，爷爷就会带我们到樱桃沟、香山、颐和园、故宫、动物园等地方游玩。我记得有几次我们从北大步行到颐和园。当时北大西校门外都还是一片农田，我们说说笑笑地走在田埂上，感受世界之大，人类之渺小。在颐和园，爷爷总是慢慢地走在长廊里，听老祖对着长廊上的彩绘讲故事。还有一次，我们去动物园，那是个冬天，我戴着妈妈用毛线织的帽子，有两条长长的带子从帽子上坠下来，在我的肩膀前后飘来荡去。我们走到关猴子的大笼子旁边，一时，我背对着猴子笼，有一只淘气的小猴子跑来从我的身后抓住帽子上的一条带子使劲往笼子里拽。

爷爷看到我在和猴子争夺帽子，就赶上来帮忙。帽子是夺回来了，但被猴子给扯坏了。爷爷笑着说，以后看猴子还是要正面看比较安全。

我最喜欢去的地方还是北京植物园的樱桃沟。当樱花盛开之际，遍地飘散着樱花的花香，淙淙泉水从山上缓缓流下，我们踏在乱石上，沿着溪流往上攀走，体验着大自然给予的天然景色，呼吸着略带甜味的空气，享受着一家人拥有彼此、在一起游玩的乐趣。我看得出来，爷爷对樱桃沟也是十分钟爱的。在这山清水秀的世外桃源，没有了阶级斗争，没有了城市的喧哗，没有了世俗的纷争，爷爷显得非常适意，非常轻松，非常满足。他谈笑风生，常常拿些典故来讲给我们听。当然，在回家的路上，我们会拐到曹雪芹故居一览。我总不能把那一排破旧的房子与那个伟大的作家曹雪芹联系起来。

即使是在“文革”期间，爷爷也没有忘记自己的家乡。他考虑到家乡的孩子们上学也需要书籍，考虑到家乡的农民们种田需要新知识，于是乎，每年的春节前后，就会带着我们去王府井新华书店买书。爷爷买了许多有关科学种田、科学养猪等内容的书籍，也买了许多儿童读物。每次爷爷都是看我挑什么书，就照样再买一套给家乡的孩子们。有一年，我们照样来到新华书店，爷爷先到科技书柜那里找书，留下我和哥哥在儿童书柜这边挑自己想要的书。我看着看着就跑到青少年书柜那边去了。爷爷回来找不到我，在儿童书柜那里左看右看，才发现我正在隔壁的书柜专注地看着里面的书。爷爷走过来说：“哟，小清可以看小说啦！”于是，爷爷就照我指点的几本小说买了几套。之后，我们把需要寄走的书用绳子捆起来，拿到在西单的邮电大楼去寄。后来，我们和爷爷回老家，发现地上有很多书的散页，村干部急忙解释，许多村民大字认不到几个，根本看不懂书上写的些什么，就拿那些书当废纸用了。

爷爷便叹息自己不了解家乡百姓的疾苦与需求，乡亲们还没有吃饱肚子，怎么会有心情、有余钱去搞什么科学种田？

说到回老家，还有一次是应该提一下的。1973年，爷爷成了一个“闲人”。“文革”还没有结束，但对他的批斗已经是尾声了，可以说几乎没有了。学校既没有给他分配什么正经工作，也不再有事没事就把他拉出去批斗。爷爷决定回老家看看。我们一行六个人坐火车在济南下车，再坐汽车到临清。那个汽车是非常破旧的，我第一次乘坐那样的汽车，感觉还蛮特别的。汽车开到一个四处是黄土的空场上就不再往前走了。听说那儿离爷爷的出生地官庄还有一段距离，村里派来一辆驴车。他们把行李搬上车，把奶奶和爷爷扶上车，把我和哥哥抱上车，就咣当咣当地往前挪去。这驴车坐着真不舒服，因为路非常不平整，颠得人骨头架都要散了一样。走了一段路，爷爷要求下车步行。又过了一会儿，我实在经不起驴车的颠簸，也蹦下车来在旁边跟着小跑。快到村口时，我们远远望到黄乎乎的一片。怎么是黄乎乎的，而不是黑压压的呢？因为那个时候经过“文革”等一系列运动，农村实在是穷得无法形容。许多成人打着赤膊，小孩子们更有浑身上下一丝不挂的，所以黑黄的皮肤被太阳照着显出暗黄的颜色，他们的头发也被黄土遮盖着而成了棕黄色。我很惊讶，看着那些脏兮兮的孩子，比我们这些“黑五类”子女的境况还要糟糕。爷爷撇下我们，焦急并亲切地忙着上前打招呼，与他久别重逢的亲戚邻居热情地嘘寒问暖。爷爷看起来很开心，他那由衷的笑容又浮现在他的脸上。

我们在官庄住了多久，我不记得了，反正觉得至少有一个星期。村干部带我们参观了许多我看不懂也听不明白的地方。有一天，我们来到村里唯一的一所小学校。一排看似快要倒塌的破平房，只有几间教室。教室前面是一个光秃秃的空场。我们走到一间教室门口，看到了在里面上课的孩子们和一位女教师。孩子们年龄悬殊，他们在老师的带领下，操着山东腔的普通话念了一段课文给我们听。爷爷面带笑容地看着他们。

给我留下最深印象的一件事是和爷爷一起去给曾祖父母扫墓。那个时候，曾祖父母的墓地还是非常荒凉的。记得四周的杂草长得老高，似乎要把我们这些来扫墓的人给淹没了。家乡的乡亲们非常好客，在那穷困潦倒的时日里，他们拿出最好的东西来款待我们。又有一次，爷爷心血来潮，想去村里的水井担水，大家嘻嘻哈哈、叽叽呱呱地跟在爷爷周围往水井走去。到了水井处，村民们开始示范如何从井里打水上来。我试了好几次都不成功。那只小水桶就是不听我的使唤，不论我如何学着村民的样子左右摇摆井绳，水桶就是不肯让一滴水进来。无奈，我只好让位给其他人完成这项任务。等大家把两只水桶都倒满水，爷爷就弯腰把挂有那两只水桶的扁担放在肩上，慢慢挑起水桶，晃晃悠悠地往回走。

离别了官庄，我们到了济南——爷爷从六岁开始生活的城市。它和爷爷的出生地官庄简直不可同日而语，有些像大城市的样子了。老祖已经在那里等待我们。在济南，我们待的时间要长一些，依旧是亲戚朋友和旧相识们天天挤满了在佛山街的小四合院。当然，我所能记得的是爷爷带我们去大明湖、趵突泉等地游玩。一天，我们来到黄河岸边，因为太爷爷曾经在黄河河务局工作，爷爷对黄河似乎有着一种特殊的情感。我们站在高高的黄河堤坝上，爷爷和四舅爷爷讨论着过去，讨论着黄河，而我则望着几只渡船在那川流不息的、黄黄的泥河上来回地将人、牲口，以及汽车、卡车载到河的对岸。看着滚滚的黄河水，我真为那几只船担心。从黄河堤坝上下来，我们经过黄河岸边的一个农贸市场，就进去逛逛。因为当时北京没有这种市场，我觉得很有趣。正当我们要离开时，一个小姑娘挑着一担水向我们的方向急急地走来。我们这群人就像是外星人刚刚来到这地球上一样，都围上前去问这问那。我看到水桶里的水非常浑浊，问她这样的水怎么能用。小姑娘回答说，水挑回家需要沉淀以后才能用。又问，泥沙沉淀后会有多少水剩下。答，泥沙沉淀后只能有一半的水可以舀出来使用。她说她每天要到黄河边来挑好几趟水才够一家人一天用的。小姑娘离开后，爷爷指着她的背影对我说："她不比你大多少啊！"

有一年冬季，北京非常冷，下了很厚很厚的雪。一天早晨，我们一睁开眼睛，十三公寓四周都被皑皑的白雪覆盖了。隔壁的奶奶们来告诉老祖，雪太大，恐怕孩子们不好去上学了。我和老祖来到公寓的门口，呵，那雪之厚，成人踏上去也要没过膝盖。老祖满面愁容，不知所措，只好先回到家来。不一会儿，隔壁的叔叔爷爷们又来敲门，说他们要召集几个男劳力去踩雪，爷爷马上放下碗筷站起来，跟那些叔叔爷爷们一起出去了。等我们吃好早饭下得楼来，看到雪地上一排排黑洞洞的脚印从楼门口一直延伸出去。远远地，还看到爷爷和其他人在一步一个脚印地往前跨。我们几个小不点儿，踩着大人们踏出来的雪洞，兴奋地往学校走去。

在十三公寓东面的小山前，曾经有一个砖头搭的乒乓球台，现在当然没有了。我们这些小孩子经常在那里打球，我和哥哥也常在那里一比高低。偶尔，爷爷也会来凑热闹，和我们打乒乓球。他的技术如何，我不记得了，因为有不少大人在和我们小孩子起哄，乱哄哄的，非常热闹。

不久，父母的单位开始搬回北京，他们也陆续从干校回来，而我也回到父母身边。因为和爷爷奶奶住习惯了，所以每到周六，一下课，我就往北大跑。“文革”结束后，学校把从爷爷家里抄走的书籍等东西都还回来了。我爱看书，也是从小在爷爷的熏陶下养成的习惯。我们还住在十三公寓一单元的时候，一楼有一个储藏室，爷爷的许多书就堆放在那里面。我喜欢那间黑洞洞的储藏室，它三面是书，地上也堆着一摞摞的书。有时候爷爷从里面翻出几本儿童读物，而且是彩色的，纸的质地非常好，色彩鲜艳，就拿来给我看。再小一点儿的时候，我还没有上学，我喜欢跪在爷爷的藤椅上，拿着他的放大镜，煞有介事地在爷爷写了一堆字的稿纸上照来照去。爷爷回到家，我就坐在书桌下面，拿着看不懂的书在那里翻着玩儿。爷爷的书桌上、地上，到处都是书、稿纸，而书桌下面又总是有不少点心之类，我们平常是吃不到的，因为那是老祖、奶奶特意留给爷爷的，他工作累了、饿了的时候可以填填肚子。那个年月，我们家里很穷，老祖、奶奶都是省出最好的东西给爷爷用，老祖说，因为爷爷是我们家的顶梁柱。有时候爷爷发现我坐在那里很久，不吵也不闹，就从桌子底下摸出一些小点心给我，以资奖励。

有一次，我在爷爷的书堆里找到一本《安徒生童话》，厚厚的一本，虽然封面看着有些年代了，但里面完整无损。我爱不释手，连续好几个周末在爷爷家里看。书看到一半的时候，我实在不能忍受与它再次分离的痛苦，跑去找爷爷借书。爷爷从他的那张大书桌旁慢慢地站起来，摘下老花镜，缓缓地转向我，轻轻地说，还是在这里看吧。我央求再三也没有得到肯定的答复。我倔脾气上来了，放下书，和老祖说我要回去了。老祖不明就里，追在我屁股后面喊："不吃饭啦？"我赌气回到父母的家，有两个星期没有再去爷爷那里。一个周末，我正在家里郁闷，哥哥突然闯进来。他风尘仆仆，满脸得意，我却没有理睬他。他跑到我的书桌旁对我说："怎么不高兴？看我给你带什么来了？"哥哥说着，就从背后递给我一本书。我无精打采地接过来，一看，差点儿从椅子上蹦起来。原来它就是那本我梦寐以求的《安徒生童话》。哥哥接着说："里面还有一张字条，爷爷写的。"我小心翼翼地打开书，拿出那张小纸条，看到爷爷那熟悉的蝇头小楷，上面大致道：小清，我让小泓把这本书带给你，希望你爱护书能像爱护你的眼睛一样。我反复地读着字条，上面的每一个字都是那么亲切，那么温馨。我兴奋得顾不上看书，拉上哥哥就往爷爷家跑。到爷爷家后，我径直跑到爷爷的房间，喊了声"爷爷"。爷爷照样慢慢地站起来，摘下老花镜，缓缓地转向我，轻轻地说："噢，是小清来啦。"我们心照不宣，爷爷笑眯眯地拉起我的手一起到大房间去向老祖和奶奶报到。

爷爷爱猫、爱动物是大家都知道的。我们家的第一只猫"虎子"，是在我开始读小学一年级的时候，一个邻居送来的。邻居说是一个朋友家里的猫生了好多小猫，她帮忙给小猫咪们找人家。当时爷爷不同意，老祖也觉得麻烦，况且，那个时候我们还是和田德望爷爷夫妇共住一套单元，地方小，人口多，经济上也不宽裕。而田奶奶家里已经有了一只小猫，非常聪明，田奶奶有时候招呼我到她家玩，让她的小猫表演开灯关灯给我看。我和哥哥看到有人送来一只小猫，都一蹦三尺高地要求留下。老祖犹豫，奶奶不说话，在我和哥哥的软磨硬泡下，爷爷终于点头答应了。虎子来的时候还不会自己吃东西，老祖就给虎子一勺一勺地喂米汤，如果有哪个邻居家里弄到一点儿牛奶，老祖就去“借”了来喂给虎子。当然，我和哥哥的任务就是陪虎子玩儿。奶奶用旧毛线绳卷成一个小球，我和哥哥轮流拉着那个毛线球满屋子跑，小虎子一蹦一跳地跟在后面乱抓。爷爷工作累了，就来到大房间的餐桌旁坐着，笑眯眯地看我们逗小虎子扑毛线球。后来过了一年还是几年，有人又送猫咪来。这回是一只纯种波斯猫，我们给它取名“咪咪”。咪咪来的时候也是刚刚出生几个星期，不会自己吃东西，走起路来摇摇晃晃，非常可爱。这次爷爷没有犹豫就把小咪咪留下了。虎子有了小咪咪，把它当成自己的孩子，叼来叼去地到处藏。老祖要喂小咪咪的时候却找不到猫咪的影子，就逼着虎子交代把咪咪藏哪里了。每当这个时候，在一旁的爷爷可笑得合不拢嘴了，说虎子是自作多情。

后来我们搬到十三公寓二单元的房子里，地方大了，虎子和咪咪也长大了，它们都特别喜欢到爷爷房间的窗台上趴着晒太阳。到了晚上，两只猫咪都跑到爷爷的床上睡觉，有时候爷爷“抱怨”说脚被猫咪压麻了。我们就笑他，为什么不翻个身、伸伸腿活动活动呢？爷爷笑答，怕把猫吵醒。

说实在的，回忆爷爷，对我来说是一件非常平常，也非常惬意的事。因为我并不需要在某个特定的日子回忆他，或在某个特定的日子纪念他。有时候感觉累了，感觉彷徨了，感觉有些失落，乃至感觉开心愉快的时候，我都会想起爷爷。在闲暇时间，我会找出爷爷的散文或日记来读一读。爷爷的散文，似乎是为我们而写的，似乎他是在和我谈话，在和我聊天，就像我小时候那样。我愿爷爷的精神永存！

写于 2021 年 4 月美国洛杉矶家中

◆怀念爷爷季羡林

季泓

爷爷离开我们已经十二年了，我们都很想念他。回想过去的点点滴滴，往事历历在目。

爷爷一向硬朗，去世时九十八岁，已是高寿。他从不锻炼，早起早睡，饮食清淡。他喜欢猫，抱着猫坐在椅子上打盹对他来说就是最好的休息。六七十岁了，他有时仍心血来潮骑车外出，精力充沛。

记得有一次，大约70年代末的一天，爷爷和我骑自行车去北大食堂买馒头。他的车把上挂了一个布袋子，骑了没几步，布袋子不慎卷进了车的前轮里。车一下卡住翻了，而他人也摔了出去。我吓坏了，赶紧跑去扶起他。他站起来，吐出嘴里的沙子，拍拍衣服上的土，骑上车接着去食堂。真不敢相信，爷爷近七十岁了，还那么利落。

1979 年我陪爷爷去黄山。我们祖孙俩爬了不知多少台阶，走了不知多少山道，我还担心他走不下来。但他拄着一根竹竿，步伐稳健。我只是偶尔扶他一下。

提起季羡林，大家想到的是作家、学者、教授。但对我来说，他就是爷爷，是那个小时候带我去商店买乒乓球拍的爷爷，是那个在地震棚里和我养鸡的爷爷，也是那个带全家老小去老莫吃西餐改善伙食的爷爷，再普通不过。

我从小是在北大和爷爷、奶奶、老祖（太奶奶）一起生活的，是在三位老人的照顾、呵护、教育和陪伴下长大的，一直到我出国留学，那段时光是快乐的。

我们祖孙俩经常一起逗弄猫。虎子是抓老鼠的好手，而咪咪则总是懒懒地趴在一边。一年总有几次，爷爷带我坐公共汽车去前门，到六必居买酱菜，在稻香村买点心。“文革”后的每年春节前夕，爷爷都会带我去新华书店买一批书，寄给山东老家的学校。他曾经在某个炎热的夏日我午睡时给我扇扇子，也曾经在我犯错时把我关进厕所里罚站。这一件件琐事、一个个片段在我脑海里浮现，好像就发生在昨天。

我来美国之后，爷爷时有来信。再后来，我工作、结婚、生子，生活忙忙碌碌，与爷爷的联系渐渐少了，但我们彼此都挂念对方。

2001年我趁回国之际，陪九十岁高龄的爷爷再次回山东老家探亲。这次旅行对他对我都是难得的相聚，我很庆幸能陪伴爷爷完成他还乡祭祖的心愿。

最后一次见到爷爷是2007年的夏天，我和妻子带着一双儿女去301医院探望他。爷爷那天非常高兴，一向寡言少语的他变得很健谈，和两个孩子交替用中英文对话，聊天说笑。他见我的女儿对病房里摆放的一个毛绒玩具熊猫爱不释手，就将熊猫送给了她。女儿今年已是大一学生，那个熊猫和其他几个她最喜爱的毛绒玩具至今依然摆在她的床头。

2021年3月于美国芝加哥

◆ 当时只道是寻常

何巍

季羡林先生是我的外公。外公离世十多年了，我常常想起他。我现在已是人到中年，生活和工作的压力令人身心俱疲。现在回想起来，年少时与外公在一起的日子成了我此生最无忧无虑的时光。当时觉得平平淡淡，现在倍感珍惜，正是“当时只道是寻常”。

适逢外公诞辰110周年之际，表姐季清约稿追忆外公。寻常二三事，遥寄相思情。

同游庐山

记得1986年8月我在外公家过暑假。一天，外公回来说，下周去庐山住两周。当时外公是北京大学副校长和全国人大常委会委员，人大在庐山有个招待所。8月份正值北京盛夏，天气酷热，能去庐山我自然高兴。一周后，我们去机场，乘上了飞往江西九江的飞机。飞机不大，一路的颠簸和噪音也挡不住我第一次坐飞机的兴奋。一路上，外公拿着个小纸片，一会儿闭眼，一会儿睁眼，在小纸片上写点什么。后来的那些著名散文就是在这些挤出来的片刻写成的。我没有外公的写作灵感，只顾着一路兴奋地观赏云层的变化。

我们的飞机在九江机场降落时，招待所的车已经在机场等我们了。司机姓阮，是个复员军人。车子开得很快，一路向庐山开去。

出于礼貌，外公夸司机技术好。司机被夸后，得意起来，向外公夸耀："这算什么，晚上不开灯我都能冲到庐山顶部。"外公笑笑说："还是开灯吧，虽然我相信你的技术。"

外公和我住的房间在庐山高处，设施在当时算奢华，自带卫浴。经过一天的旅途，我们都累了，晚上早早就睡了。第二天我醒来时，天还没亮。外公正坐在桌前凝视窗外，没有开灯，但窗户是开着的。见我醒了，外公对我说："我在看云飘过房间。"外公是性情中人，窗外浮云飘过，犹如仙境，文思泉涌。文人和庸人的区别在于文人睹物思情。李商隐能够"留得枯荷听雨声"，庸人看到枯荷想到的大概是淤泥里的莲藕能吃吧。

隔天招待所组织大家参观庐山植物园。中午在外就餐，席间上了条大鱼，同桌的一位爷爷一直用筷子在鱼的嘴上夹着什么。见我好奇地看他，他便不好意思地说他喜欢吃鱼须。饭后我同外公说起此事，外公告诉我那位爷爷是著名音乐家，他是南方人，吃鱼多且讲究，喜欢吃些特殊的部位，北方人只喜欢吃鱼肉。那顿饭让我长了见识。

外公喜欢小动物

庐山招待所养了只土狗，其貌不扬，与人倒是挺友好，我们来的第一天就和它成了朋友。每天晚餐时，外公总会留些好吃的给小狗，所以它一见到外公就跑过来蹭吃的。外公喜欢小动物是出了名的。那时家里养着两只猫，一只是土猫，叫虎子，另一只是波斯猫，叫咪咪。虎子对我很不友好，所以在家时我只好拿个棍子，以防虎子挠我——它还真挠过我。波斯猫咪咪深得外公宠爱，却总喜欢在外公的手稿上撒尿。外公也只是无奈地摇摇头说："小动物嘛！"真是一物降一物。

猫有发情期，土话称"叫猫"。土猫虎子可以在外找朋友，波斯猫咪咪就麻烦了。外公想得到纯种波斯猫后代，有好事者就送来了一只配种波斯猫。我只好让出房间用作两只波斯猫的新房，自己每天睡在外公书房的躺椅上。几天下来，腰酸背痛。等到配种猫被人接走后，我又回到自己的房间，天哪，屋内一片狼藉，有些书和手稿也被猫咬坏了。尽管外公惜书如命，对咪咪却无一句怨言，还是那句话："小动物嘛！"

外公除了养猫，晚年还养过乌龟。从古至今，龟被视作吉祥长寿的象征。外公养小动物的基本原则是顺其自然，不讲究科学喂养，只要小动物们快乐就行。在所有动物中，外公最喜欢的还是狗，只是当时北京城里不允许养狗。外公在他的散文《一条老狗》

里写道："自己也不知道是什么原因，我总会不时想起一条老狗来。在过去七十年的漫长时间内，不管我是在国内，还是在国外，不管我是在亚洲、在欧洲、在非洲，一闭眼睛，就会不时有一条老狗的影子在我眼前晃动。"在他的回忆里，老狗是故乡，是忠诚，是童年的回忆，是对母亲的眷恋。

现在北京城里可以养狗了，只是喜欢狗的老人已不在人世了。

外公安息！

2021 年 4 月 22 日于加拿大

◆季老永在

韩金科

辛丑霜降，绵绵秋雨过后，陕西关中大地，天高气爽，遥望秦岭太白，法门寺尽收眼底，高耸入云的合十舍利塔，日日夜夜展示着中华文化的千年画卷。吴文立先生一条信息传来，将这里与千里之外的山东临清季羡林先生诞辰110周年学术纪念活动连接起来，法门寺人心潮涌动，情不能已。

2009年7月11日上午9点，我们敬爱的季羡林先生离世，讯息传来，法门寺人悲痛不已，向着北京三鞠躬，叙说着季老逝世，是历史的真实，季老永在，是文化的真实，12年过去了，现实证明季老永在！

1987年4月3日，隐没千年的法门寺塔下唐代地宫开启，数千件大唐王朝供佛国之重宝拥戴着佛祖释迦牟尼真身指骨舍利，以不二于世的姿态豁然面世，发出了耀眼的光芒。在法门寺考古重大发现高层学术研讨会和新闻发布会主席台上，季老唱出了历史的最强音：第一，法门寺的重大发现，会以雷霆万钧之力扫过佛教世界，法门寺门前将人流如潮，摩肩接踵，与秦始皇兵马俑博物馆媲美，他说这里是梦的世界，是诗的世界，生为陕西人有福了；第二，他更进一步指出这里的发展方向，“同敦煌学一样，研究法门寺文物，将成为一门国际学科——法门学”。

季老的预见很快被现实证实。1988年11月9日，法门寺和法门寺博物馆对外开放，人们像潮水一样涌来，季老的号召，成为法门寺文化建设的航标和纲领。

您看，按照季老的嘱托，1989年夏，法门寺文化小分队行进敦煌洞窟，把敦煌文化与敦煌学的行进历程装进心里，进而拜访大江南北社会科学界、佛教佛学界专家学者和高僧大德。1990年9月9日，首届法门寺历史国际学术研讨会在法门寺召开。由此，法门寺文化研究会成立，法门寺文化界定，法门寺文化研究向历史、佛教、文物考古、文学艺术四大领域展开，由综合、本体、专题，再到综合，循环往复，科学推进。法门寺佛教文化国际学术研讨会、法门寺文学笔会、首届法门寺茶文化国际学术研讨会、法门寺秘色瓷国际学术研讨会、法门寺地宫唐密曼荼罗学术研讨会相继举行。1998年11月，法门寺十年庆典，首届法门寺唐文化暨第二届法门寺茶文化国际学术研讨会在西安举行，印度、尼泊尔驻华大使与三百多位海内外高僧大德和专家学者出席，会议专门举行法门寺文化与法门学专题研讨会，提出了法门学的学科分类，会后编著出版了《法门寺文化丛书》三十九卷和《法门寺文化和法门学》，季老为之题词勉励。本届会议和国际茶会上，印度大使按着擂钵，尼泊尔大使挥动擂棒，江西婺源两个小村姑站在两边，“茶和天下”的擂茶场景让法门寺文化、中国茶文化走向世界。

您再看，按照季老的愿望，法门寺文化与法门学的研究，由文物到学术，由学术到文化，由文化到法门寺博物馆的新展厅、新历史文化景观和法门寺院的新殿堂、中华佛教文化城的建设和规划，再到良好的社会效应和经济效应，再周而复始地“三级跳”，良好循环，自我发展，法门寺文物文化走向世界，法门寺文化大放异彩。正是在这个历史节点上，法门寺佛指舍利在庆祝中泰建交二十五周年、泰国国王登基五十周年时被迎请至泰国接受全国瞻礼，东南亚为之震动！正是在这个节点上，2002年春，法门寺佛指舍利迎请至台湾瞻礼37天，宝岛同贺，世界华人四百多万众虔诚供奉瞻礼！其后，法门寺舍利迎请至香港供奉瞻礼，佛手牵两岸，雷音震九州，中华文化、民族凝聚，让世界瞩目！2005年冬，法门寺佛指舍利迎请至韩国供奉，东北亚为之震动！在此期间，《法门寺》《龙飞法门》《法门寺猜想》等文学、影视作品相继推出，法门寺文化在这个领域高歌猛进。

您再看，在2002年法门寺建设北京高层论坛之后，法门寺文化景区建设启动。到2009年5月9日，法门寺合十舍利塔建成开放，法门寺圣地（佛）区、文化（法）区、历史（僧）区三千亩地三足鼎立，法门寺已成为我国大西北朝拜中心、旅游观览中心和学术文化研究交流中心。仅开放后的春节当天，进法门寺文化景区人流达18万之多。这一切的一切，都是季老讲过、写过、呼吁过的！

望着这一切的一切，法门寺人永远铭记——季老永在！

2014年3月27日，中共中央总书记、国家主席习近平在法国巴黎联合国教科文组织总部发表重要演讲，全面深刻阐述对文明交流互鉴的看法和主张，强调应该推动不同文明相互尊重、和谐共处，让文明交流互鉴成为增进各国人民友谊的桥梁、推动人类社会进步的动力、维护世界和平的纽带。习近平同志在讲话中提到了陕西法门寺唐代地宫出土的精美琉璃器皿，他说："1987年，在中国陕西的法门寺，地宫中出土了20件美轮美奂的琉璃器，这是唐代传入中国的东罗马和伊斯兰的琉璃器。我在欣赏这些域外文物时，一直在思考一个问题，就是对待不同文明，不能只满足于欣赏它们产生的精美物件，更应该去领略其中包含的人文精神；不能只满足于领略它们对以往人们生活的艺术表现，更应该让其中蕴藏的精神鲜活起来。"

望着这将来的一切，法门寺人要更加奋进，向着法门寺文化美好的未来，永远奋进！

（本文为韩金科先生专门为纪念季羡林诞辰110周年撰写的文章。韩金科，生于1946年，陕西省扶风县人，中共党员，曾任法门寺博物馆馆长，研究员，兼任中国唐史学会理事、中国宗教学会理事、中国国际茶文化研究会理事、中国社会科学院佛教研究中心特邀研究员等社会职务。在美林学术高端讲坛启动仪式暨纪念季羡林先生诞辰110周年座谈会上，韩金科先生委托专人转赠了季羡林先生给法门寺文化研究的题字）

◆我与季老交往的故事

范景华

按：10月29日上午，临清市举办纪念季羡林先生诞辰110周年座谈会，聊城市地方史研究会会长、东昌学院副教授范景华捐赠了季羡林先生的三封亲笔信（复印件），由临清市委宣传部副部长、党史研究中心主任井扬接收。座谈会上，范景华回忆了他与季老交往中发生的故事。

1991年9月21日至24日，在聊城举办的傅斯年学术研讨会上，我与季羡林先生相识。9月22日中午，我陪同季老到聊城百货大楼购物，一路上谈话很融洽。季老说："明天回老家看看，家中有个小男孩，喜欢玩枪。"季老想花30多元钱买一把玩具枪，我抢着付了钱。

"关于人的本质问题，古今中外说法很多，您对这个问题有什么看法？"当时，我正在研究人的本质问题，趁与季老在一起的机会抓紧请教。季老略加思考，说："生存，比如山崖石缝里长出一棵树，表现出强烈的生存能力。如鲁迅所说，人，一要生存，二要发展。"我说："我不同意先生的观点。我认为，人与动物、植物的根本区别就在于，人有生存的自由，动物、植物没有，受制于自然。"后来，季老在给我的来信中戏称，我们在聊城百货大楼打了一场"遭遇战"。

此后，我撰写了《人：追求生存自由的社会性动物——关于人的本质问题的思考》一文，发表在《南开学报》1995年第4期上。前不久，我的学生查阅后告诉我，这篇哲学论文下载量为1129，被27位专家学者引用过。

我向季老请教的第二个问题是：傅斯年青年时代受西方哪位思想家影响最大？季老当时说不知道。我说："我认为，受尼采与弗洛伊德影响最大。傅斯年在《一段疯话》中倡导'疯子精神'，提出要打着灯笼找超人。""超人说"是尼采提出来的，弗洛伊德因发现"无意识"而闻名于世。1919年至1920年，傅斯年著《心理分析导引》，章士钊说，"傅斯年是全中国最懂弗洛伊德学说的人"。对此，季老表示赞同，并在会上公开说："我赞同一位同志的说法，傅斯年青年时代受尼采与弗洛伊德的影响最大。"

我印象中的季羡林先生，衣着简朴，穿一双平底布鞋，像一位老农，根本看不出是一位留学德国10年、通晓10余种语言的"洋博士"。先生平易近人，无傲气，而有中国古代知识分子的傲骨。季老为人真诚，嘱咐我"宁可不说，也不要说违心的话"，曾一再强调，要说真话，不要说假话。季老自觉遵守纪律，每次开会，总是提前两三分钟到场，且才思敏捷，即席讲话，出口成章，无废话，无语病。季老还教导他说，从事学术研究，要知识面宽，要了解学术动态，把握住学术研究的前沿阵地。

10月30日上午，在季老家族曾孙季孟祥的引领下，我拜谒了季羡林故居及墓地。对于季老买玩具枪一事，季孟祥记忆犹新，因为那个收到礼物的小男孩就是他的儿子。

（原载于《聊城日报》2021年11月9日，原标题为《"季老给我写过三封信"》，记者张目伦。本文标题为编辑改写，内容略有改动）

◆为往圣继绝学
——纪念季羡林先生

阎晓宏

《人民政协报》编者按：2019年，是季羡林先生去世10周年、诞辰108周年。全国政协文化文史和学习委员会副主任、中国版权协会理事长阎晓宏与季先生生前多有交往，为此他特地撰文《为往圣继绝学》，以示深切的缅怀。文中，他讲述了与季先生的交往故事，阐释了对季先生学术思想的深刻理解。

季羡林先生是20世纪中国学贯中西的大学者，其研究涉猎极广，被称为“梵学、佛学、吐火罗文研究并举，中国文学、比较文学、文艺理论研究齐飞”，特别是他提出的“三十年河东，三十年河西”的著名论断，至今仍给人以深刻启迪。

季羡林先生一生品格高尚，不慕名利，肯于奖掖提携后进，他与政协有着甚深的渊源。他是第二、三、四、五届全国政协委员，是《人民政协报·学术家园》创刊的重要支持者之一，本刊也借此篇文章的发表，表达我们对季羡林先生由衷的感怀与敬意。

今年7月11日，是季羡林先生去世10周年的日子。

季羡林读书会的创始人王佩芬女士邀我同去山东临清，参加在季羡林故乡举办的纪念活动。虽然因故不能前往，但是与季老生前的交往，特别是季老的思想观点，始终在脑海中萦绕着，挥之不去。

前几天，见到财政部在青岛挂职的家新同志，他谈到与季羡林老生前的交往，说季老在301医院住院时，他去看望，季老给他写了一幅字，“相期以茶”。今年也是季老诞辰108周年，我把这篇拙文献给季老以及热爱他的人们。

三十年河东 三十年河西

“三十年河东，三十年河西”，是一个通俗的说法，却是季羡林先生最重要的学术观点。

清朝吴敬梓《儒林外史》第46回写道：“大先生，‘三十年河东，三十年河西’，就像三十年前，你二位府上何等优势，我是亲眼看见的。”

安史之乱，郭子仪平叛立下了汗马功劳，唐明皇将公主许配郭子仪之子，何等荣耀！但是到了郭子仪的孙子这一辈，家境败落。郭子仪的孙子挥霍无度，万贯家产消耗殆尽，沿街乞讨，直到遇见他30年前奶妈的儿子，才被收留。其奶妈之子叹息道：“真是三十年河东享尽荣华富贵，三十年河西寄人篱下。”

季羡林老引用这两句话只是一个形象的比喻。他认为，“五四”以来我们是拿来主义，好像什么都是西方的好。从人类历史发展的进程看，中华民族曾经有过辉煌的历史，中华民族的优秀文化更是博大精深。他认为西方文化是分析思维，这种分析思维就是抓住物质一个劲儿地分析下去，一直分析到基本粒子，这种分析思维最大的弱点是只见树木不见森林。他认为东方文化，尤其是中华优秀文化，是综合思维。所谓综合思维，可以归结于两点：一点是整体的观念与普遍联系的观念，另一点是既见树木又见森林。

季羡林老提出，从人类发展的全过程来看，东方文化和西方文化的关系是“三十年河东，三十年河西”。他认为，西方文化也并非历来如此，更绝不可能永远如此。以前是西学东渐，到了21世纪，将是东学西渐，西方文化将逐步让位于东方文化，人类文化将进入一个新的时期。

季羡林老这个观点的提出，始于20世纪80年代。季老是学贯中西的学者，在西方文明盛行的改革开放之初，就能提出这样颇具前瞻性的观点，既基于他对世界潮流与东西方文化的深刻分析、比较与把握，也需要相当的勇气。当时，社会上非常崇拜西方文化、西方文明，在国内各大学里，学习与研究传统文化的人甚少，然而对西方哲学、法学、管理学等却是趋之若鹜，只要是西方来的，常常是很流行的。季羡林老的这个观点当时鲜见赞同者，反对声一片，其中也不乏善意的嘲讽者。

面对批评，季羡林老不仅坚持自己的学术观点，还为此专门写了一本书，书名便是《三十年河东，三十年河西》。他在书中说：“三十年河东，三十年河西。我引的这两句话，最受人诟病，然而我至今仍然认为这是真理，是诟病不掉的。”

基辛格博士在中信出版社出版的《世界秩序》一书中分析道，历史上多数时候，世界上各个不同区域，奉行着各自的秩序规则。这些秩序永远需要在克制、力量、合法性三者之间微妙平衡。他认为现在，一方面，科学技术发展进步很快，超出人们的想象和预期；另一方面，人们在社会发展与治理、思想价值观念上的分歧却越来越大。欧洲均势的秩序观与阿拉伯伊斯兰教秩序观以及亚洲文化多样且包容的秩序观跟美国自称代表全人类的秩序观之间不一致，是产生冲突的根源。

基辛格博士认为，尼克松总统1970年就曾提出，拥有8亿人口的中国，必定会成为世界巨大的经济力量。这一观点，当时令美国精英界震惊。2015年，95岁高龄的基辛格老人访华，他自己讲，这将是他最后一次访华，他对中美冲突忧心忡忡，虽然有时他也不十分清楚“世界秩序”的真正内涵，但老人确信，人类有一个共同使命，那就是建立一个真正理想的世界秩序。

2018年达沃斯世界经济论坛的主题是“在分化的世界中，打造共同命运”，中国国家主席习近平在演讲中提出了“世界怎么了？我们怎么办？”这个关乎人类命运的重大命题。

1956年毛泽东同志提出“中国应当对人类有较大贡献”；1985年邓小平同志提出“到了下世纪中叶，中国的分量和作用就不同了，我们就可以对人类有较大贡献”；到2017年，国家主席习近平审视人类历史发展之高度，提出了构建人类命运共同体，明确指出“到本世纪中叶，中国将为人类做出新的更大的贡献”。这是中国特色社会主义智慧的结晶，也承载着对未来人类社会发展的科学判断，承载着无私与崇高的理想。究其发展脉络与思想基础，主要是内敛性、包容且兼收并蓄的中华优秀传统文化。

现在，世界的变革与发展趋势，构建人类命运共同体以及“一带一路”倡议的提出和实践，都见证了季羡林老在几十年前的前瞻性预见。相期以茶，季羡林老在天之灵定会无比欣慰的。

人的内心要和谐 不能和自己较劲

中华传统文化既是综合的，又是内敛的。它的博大与精妙就在于，它始终围绕着关于人和自然的关系，关于人和社会的关系（亦即人与人的关系）这条主线。

在中国哲学史上，“天人合一”讲得最多，是最重要的哲学范畴，也是中国传统文化的理论基石。

《道德经》中，“人法地，地法天，天法道，道法自然”，深刻阐述了人与自然的关系与规律。

《吕氏春秋》中，关于“凡帝王者之将兴也，天必先见祥乎下民”，讲的也是天人感应的关系。

荀子在《礼论》中阐述了天与人的不同职能，“天人相分，各司其职……天能生物，不能辨物也，地能载人，不能治人也”。

董仲舒在《春秋繁露·立元神》中，阐述了他对天、地、人的观点：“天地人万物之本也。天生之，地养之，人成之。天生之以孝悌，地养之以衣食，人成之以礼乐。”

司马迁更是称其《史记》是一部“究天人之际”的书。

到了近现代，鸦片战争轰开中国大门以后，这方面的研究少了许多，但仍有卓越者。

国学大师钱穆说：“中国文化中，天人合一观，实是整个中国传统文化思想之归宿处……中国文化对世界人类未来求生存之贡献，主要亦即在此。”

著名哲学家冯友兰讲“人与天地参”，把天地境界视为生命追求的最高层次。

从先秦开始，到魏晋南北朝，到唐宋元明清，直至近现代，“天人合一”不仅是中国哲学史上的重要范畴，也是文化发展的主要脉络。关于“天人合一”，历来讲得很多，观点也各有所不同，但大多是围绕着人与自然的关系和人与社会的关系来讲。在不同的历史阶段，不同时代的思想家阐述的观点与内涵不同；在同一历史阶段，不同学者，基于不同理解，阐述的内容与观点也不尽相同。“天人合一”这个范畴，是在传承与争鸣中推进发展，并赋予其新的时代内涵。

因此，现在我们讲的人与自然如何友好相处，如何平衡可持续，在社会实践与社会生活中，人与人如何和谐相处等，已经与中国历代哲学家阐述的“天人合一”的内涵有所不同——尽管在不同的社会发展时期，怎么看待人与天的关系、人与社会的关系、人与人的关系的这条主线和脉络是清晰的，但是关于人自身，人自己对自己，人自己内心的矛盾与平衡，历代哲人、学者虽然讲得不少，却没有把它与人与自然的关系、人与人的关系并列起来。季羡林老第一次提出，和谐包括人与自然的和谐、人与人的和谐，以及人自身的和谐。这是季老的重要学术贡献。

2006年11月29日，时任总理温家宝在中国文联第八次代表大会和中国作协第七次代表大会上的讲话，全文发表在《人民日报》上，题目是《与文学艺术家谈心》。其中有这样一段话："这两年，季羡林先生因病住在301医院，我每年都去看他。他非常博学，每次说起来，对我都有很大的教益。中国像他这样的大师，可谓人中龙凤，所以我非常尊重他。在今年的谈话中，他对我说，和谐社会，除了讲社会的和谐，人与自然的和谐，还应该讲人的自我和谐。我说，先生，您讲得对。人能够做到正确处理自我与社会的关系，正确对待荣誉、挫折和困难，这就是人的自我和谐。后来，我们俩谈话的大意，写进了十六届六中全会文件。"我当时看到《人民日报》发表的这篇文章，马上打电话给季羡林老的助手李玉洁老师。之后不久，我又去看望季羡林老，和他谈起这件事儿。他谦虚地说："人和自然的关系，人和人的关系，这两点，历史上很多人都讲过，我就是在前人的基础上，又讲了一点，就是人自身的和谐，无论外部环境怎么变化，每个人的内心要和谐，不能自己和自己较劲。"

我不是国宝 大熊猫才是呢

季羡林老1935年至1945年留学德国，主修印度学，学习梵文、巴利文等10多种语言，期间他发表论文多篇，颇受学界关注。1946年季老回国，受胡适、傅斯年、汤用彤之邀，为北京大学教授。

季羡林老胸怀博大，宽容、真诚，这反映在他写的《牛棚杂记》中。他说，自己被打得"一佛出世，二佛升天"时还虔信"文革"

的正确性，直到“四人帮”垮台后，“脑筋才开窍”。那些“文革”中批斗过他、污蔑过他的人，他认为“这些人都是好同志，同我一样”。他唯一的期待是打人、整人者与被打、被整者都能够真实地写出当时的心情与感受，以便现在的人们思考、总结与反思。季老认为，这对后人大有益处。他期待有人能写出来：“到了1992年，许多人渐凋零……等待别人为何不自己写呢？”

季羡林老生前论文、专著、译著、散文、随笔，仅搜集到并发表或出版的，就达1200万字。我专门提到这一点是有原因的。当时，社会上称季羡林老是国学大师、学术大师、国宝，等等，也不乏有些人因学术观点等种种原因，提出疑问，认为季老的学术贡献仅限于印度学研究、梵文研究等方面，其他方面著述不多，也谈不上是国学大师。其实，季老非常反感别人称他为学术大师、国学大师或者国宝，他曾与我笑谈：“现在到处都是学术大师、国学大师，我不是。我也不是国宝，大熊猫才是呢。”

其实一个学者，特别是社会科学的研究者，其学术价值，其著述与观点以及对社会的贡献并不在于写了多少，并不在于写的数量，而是在于他写了什么，他提出了什么，他阐明或表达的观点是否对社会发展有所启示，是否契合社会历史发展的规律。按照这样的标准衡量，季羡林老是一座高山，也是学者的楷模。

季羡林老是一位博大而又谦和的老人，对于学术研究，他全身心投入，从未有过一天放弃。季老曾经跟我这样谈过：“日子就两天，今天和明天。现在那些这个节呀，那个节呀，都是自己编出来的。”

季羡林老在北大当教授时，勤奋刻苦是出了名的，有学生向季老请教，说论文怎么也憋不出来，他幽默地说：“水喝多了，尿就憋出来了。”胡适到了台湾还常讲：做学问就要像北大季羡林那样。

季羡林老非常睿智，对于在刻苦钻研思考基础上形成的学术观点，非常坚持，非常执着。从他提出东学西渐的观点，以及《三十年河东，三十年河西》与《牛棚杂记》两本书的写作，能看出季老的卓越，更能看出季老在学术上的坚持与执着。

季羡林老一生光明磊落，真挚、谦和、诚恳，止于至善。他常说的两句话是:“真话不全说，假话全不说。”他在理念上坚信“东学西渐”，认为此前是拿来主义，现在我们可以对人类做出更大的贡献了。季老对中华民族的崛起抱有很大的期待，也抱有很大的信心。

季羡林老一生饱经沧桑，中华民族近代以来的屈辱以及新中国的成立，特别是改革开放以来的巨大变革，让他对中国社会有了更深刻的了解，对中国共产党有了更多的信赖。

2005年，我去看望季老，他送我一幅字，是北宋哲学家张载的四句话：“为天地立心，为生民立命，为往圣继绝学，为万世开太平。”我说：“您就是为往圣继绝学。”季老严肃地对我说：“这几句话，谁也担当不住，只有共产党才能担当得住。”

只有共产党才能担当得住！这不仅是一句饱含情感的话语，更是审视中外古今历史发展，被实践证明着的科学判断。

（原载于《人民政协报》2019年7月15日，作者系全国政协文化文史和学习委员会副主任、中国版权协会理事长）

◆拜谒季羡林憩园

张梦阳

2019 年 7 月 11 日是著名学者季羡林先生逝世 10 周年纪念日。10 日，临清市委、市政府联合聊城大学季羡林学院开展系列纪念活动：举办运河名城大讲堂季羡林事迹讲座，拜谒季羡林憩园，参观季羡林故居，召开追思会，举行《高山景行——家乡人记忆中的季羡林先生》一书首发式。

我有幸受邀参加了这一系列活动，其中感受最深的是拜谒季羡林憩园。

10 日清晨，市委领导率车队前往季先生的故乡官庄。下车看见门框由方正的水磨石制成，上幅刻着著名书法家欧阳中石题写的白底金字的“季羡林憩园”，门两边是黑底金字的对联：“集群贤大成学贯中外”“承历代师表德合古今”。黑色的铁栅栏门敞开，迎入吊唁的队伍。

这时，天空飘起绵绵细雨，仿佛寄托着人们对季老的无限哀思。

进门是一条狭长的白色石板路，两边是翠绿的松墙。沿路走去，迎面是一方刻着“季羡林先生”的黑色石礅，托着季先生的汉白玉半身雕像，在细雨中向人们淳朴地微笑着，栩栩如生。

雕像侧旁是季羡林先生的生平简介，黑底金字的横石立在灰色的石礅上。

雕像之后就是季先生和夫人之墓，三级台阶高，白色石刻围栏，黑色墓碑，后面是圆形的墓。高高的青绿梧桐树木遮盖下，右侧还有两尊形状一样的圆墓，紧挨着的是季先生父亲母亲的墓，再就是祖父祖母的墓。

临清市领导代表大家敬献花篮、整理绶带，年轻的女市长祁学兰同志致辞，众人向季老墓三鞠躬，并参观了季老故居。然后，车队回到临清宾馆，由市委书记何宪卓同志主持追思座谈会。下午又到宛园这座古色园林里参观了“季羡林与家乡”摄影图片展。傍晚，多数与会者散去了，我想到父亲故乡大丁庄看一下，但怎么都打听不出这个村庄。我想到父亲去世时，季先生亲口对我说过：“你父亲的大丁庄离官庄只十里地。”我觉得到了官庄就等于去了父亲的故村，就毅然告诉司机改道，再次拜谒季羡林憩园。

一个人在园内漫步。憩园最适合孤独地沉思……

来到了季羡林身边，想起重读的季先生早期散文《母与子》，眼前浮现出他的母亲——“干皱的面纹，眼睛因为流泪多了镶着红肿的边，嘴瘪了进去。”然而子不嫌母丑，季先生“一想到，我是在怎样的一个环境里遇到了这老妇人，便立刻知道，她不但现在霸占住我的心，而且要永远地霸占住了。”

我读过许多篇回忆母亲的文章，而最刺痛我的心的是季先生的这篇《母与子》。

季老幼年家贫，六岁离家，叔父把他接到济南，走上求学之路，这可以说是他一生最关键的转折点。如果不跨出故乡，他可能会在故乡种一辈子地。

然而他却后悔离开家乡。有一次他听对面的邻居说：“你娘经常说：‘早知道送出去，回不来，我无论如何也不会放他走的！’”简短的一句话饱含着多少辛酸多少悲伤啊！母亲不知有多少个日夜，眼望远方，期盼自己的儿子回来啊！然而由于种种原因，他始终没有回去，直到母亲离开这个世界。后来他一直后悔，千不该万不该离开母亲。

季羡林先生对母亲有着深深的爱，曾在多篇文章中有过深情的描述。九十大寿时，临清为季老贺寿，他在故居后面的父母亲坟前留影，在《故乡行》一文中写道："娘啊，这恐怕是儿子今生最后一次来给您扫墓了，将来我要睡在您的身旁！"故乡的人们，始终铭记在季羡林先生心头，同乡也时时刻刻挂念着季老。先生逝世后，就围绕他父母亲的坟建立了憩园。2010 年 4 月 5 日，季羡林先生和夫人的骨灰安葬在这里，他生前的愿望实现了，回到了母亲身边。

世界上母爱是最伟大最难忘的。不爱自己的母亲或爱得不深的人，绝对不会爱别的人，更不会爱祖国，爱故乡。

季先生把对母亲的爱倾注在 83 万临清人民身上，他尽其所能为故乡出力，做了力所能及的事情。1991 年 9 月 23 日，季老同全国各地的专家学者在聊城参加"傅斯年学术研讨会"之后，又来到憩园原址旁边参观名胜古迹，期间参拜了临清的舍利塔。临清政府的同行人员告诉季老，他们一直想重修临清塔，但一直没有资金和能力做这件事。回京后，季老先生就给胡乔木写了一封信："我这次回故乡临清，当地的党政领导向我提出临清舍利宝塔的修复事宜。我是一介书生，两袖清风，心有余而力不足，没有办法，只好求您帮忙说话了。"季老一生从来"不愿意麻烦人"，更"不善于求人"，但为了保护家乡的文物古迹，为了满足家乡人民的要求，这一次竟破了例。1994 年，季老还把自己获得的一万块奖金捐出来，设立了"官庄村季羡林教育奖励基金"，鼓励家乡成绩优秀的后生发愤读书。

下午回到临清市，井扬同志又陪我参观了运河文化区的季羡林纪念馆，建筑高大、气派，藏有各种珍贵的纪念品。我深深感念临清市政府和人民对季羡林先生的尊重和热爱！这是临清历来重视文化教育的表现，正因为这种厚重、朴素、坚实的历史传统，临清一个不大的县，出现了季羡林先生这样让世界景仰的文化名片。正如临清市委书记何宪卓同志所说：季老是临清一个非常宝贵的“精神宝藏”，在他身上，既体现着爱国、爱党的政治性，同时又有淡泊名利的大家气质；既有超越前者的自学自律，同时又有脚踏大地的人格魅力。季老就如同一坛浓酒，时间越长越发醇香，走得越远，季老在我们心中的形象就越加高大。我们应该继承、发扬、挖掘季老的人格魅力，共同建设好季老的家乡临清，这就是我们对季羡林最好的纪念。

（原载于《中华读书报》2019年8月7日，作者系中国社会科学院文学研究所研究员）

◆徐雪涛为季羡林祝寿

马景瑞

这是一段关于我的学生徐雪涛和季羡林先生的佳话。

说来话长。且说去年春夏之交的一天中午，同学徐鹏绪请徐雪涛夫妇吃饭，因知道我和雪涛有师生之谊，故让我作陪。我愉快地答应下来，并询问他是怎么认识雪涛的。他说：“先是微信上交流，后来才见面相识。我喜欢他的京剧唱腔，喜欢他的戏画，更喜欢他干练的举止和儒雅的气质。”我听了暗自高兴。作为青岛大学中文系的名教授，鹏绪看世间人和事，眼光总是挑剔的，他对雪涛的认可、赞许，说明雪涛有过人之处。

我告诉鹏绪，我在临清一中教书时，雪涛在一中读初中，未毕业，即被选拔到县文工团，后专攻京剧，拜京剧名家谭元寿先生为师，成为临清京剧团的台柱子，唱老生的名角儿。后来在市场经济大潮的冲击下，京剧演出经营惨淡，越来越不景气。雪涛又多方拜师学艺，画起了戏剧人物画。由于他聪明睿智，又是梨园中人，触类旁通，没过多久，便画得有模有样，鲜活灵动，广受好评，在全国书画大赛及展览中，多次获得大奖。我关注着雪涛在艺术天地里的长足进步，常常引以为豪。这次见面，雪涛赠我一幅戏画和一册他的戏剧人物画册。我和鹏绪共同欣赏着他的画作，只见画中人物虽只简单的几笔勾勒，一点淡雅的色彩涂抹，却栩栩如生，活灵活现，便不约而同地说：“好，好，画得真好。”随后我又打开画册翻看，翻到最后两页，看到有雪涛和季羡林先生的合影，怦然心动，忙问："这幅照片是季老回临清过九十大寿时照的吧？"雪涛说："是啊。您一定还记得。"我连说"记得，记得"，脑海中立刻浮现出十八年前的情景。

2001 年 8 月 4 日，季老应故乡人民的盛情邀请，从北京赶到临清庆祝九十大寿。8 月 5 日他先回家乡官庄为父母扫墓，8 月 6 日生日这一天，上午召开了祝寿大会，晚上又举办祝寿晚会。晚会上的表演，"内容相当丰富，有京剧，有独唱，有戏剧小品，有印度舞，等等。节目应该说是中外兼顾，古今杂陈，是很可观的"（季羡林《故乡行》）。这其中就有徐雪涛的京剧清唱。他唱的是《空城计》一戏中的著名唱段，唱腔高亢，有板有眼，声情并茂，赢得满堂彩，掌声如雷。我和季老的学生、复旦大学教授钱文忠先生坐在一起，在季老座椅的左面一排，只见季老正襟危坐在那里听唱，神情是那么专注。钱先生笑着对我说："你的学生唱得这么好，今晚老先生又该激动难眠了。"唱罢，徐雪涛走下台来，走到季老面前。老人连忙站起来，紧紧握住雪涛的手，说："唱得好，不输名角儿。你的恩师是谁？"雪涛答："是谭元寿先生。"季老伸出大拇指："那是京剧界高人！"随后，雪涛将精心创作并且已装裱好的一幅戏剧人物画徐徐展开，请季老品评、笑纳。老人激动地说："你戏唱得好，画也画得好，谢谢你，我一定好好收藏。"这一幕我看在眼里，记在心中，至今历历在目。

故事到此并没有结束。季老回到北京不久，写出一篇题为《故乡行》的长篇散文，其中《祝寿晚会》一节又特别夸赞徐雪涛，他写道："最初在我心里，我并没有多少信心，我心想，临清这个小地方还能拿出多么有水平的作品来吗？不过蹦蹦跳跳，热闹一番，聊表庆祝之意而已。可是，我完全错了。一场京剧清唱，唱小生的那一位演员，听来水平一般，没有什么动人之处；但是，唱老生的那一位却是一鸣惊人，字正腔圆，声遏行云，获得满堂喝彩。京剧我稍微懂一点，一听就知道演唱者是一位行家。”季老没有点明徐雪涛，我不知是行文的需要，还是老人忘记了他的姓名，但知情人一看便知是写的徐雪涛。又过了不到一年，2002 年 6 月上旬，我去北京看望季老，也请他为我的拙著《往事琐忆》写序。闲谈中又谈起临清的京剧热，谈到徐雪涛的京剧清唱。季老微笑着对我说："你这个学生是个人才。咱们家乡还真是有人才。”话语中表露出他对雪涛的喜爱，表达出他对家乡的热爱。

时至今日，春暖花开，全国人民正在抗击新冠肺炎疫情。我宅在家中思绪万千，脑海中忽然闪现出这一段往事。仔细想想，这何尝不是临清文化界的一段佳话呢，将来也许会载入临清地方史册的。想到此，我匆匆写下了上面这些美好的回忆与文字。

（本文写于2020年3月，原标题为《我的学生徐雪涛与季羡林先生》，现标题为编辑所加。马景瑞，临清市康庄镇官庄村人，毕业于山东师范大学，毕业后到临清一中执教，曾任临清市副市长。从20世纪50年代开始，马景瑞一直与季羡林先生互通书信并多次会面，两人的友谊长达五十余年。）

◆ 季羡林先生的治学态度与学术精神

王学臣

季羡林先生在北京大学执教六十多年，取得了巨大成功，成为国内人文社会科学界泰斗。他写成的1000多万字各种著作，成为一座丰碑，他的成功，主要得益于他的治学态度与学术精神。

学术方向明确，具有执着的学术信念

季羡林先生在德国留学期间，就确定了毕生努力的方向：印度古典语言学——梵文。回国后由于中外关系的原因，缺乏必要的研究资料，但他的大方向（中印文化交流）从未动摇过，他抱定有多大碗就吃多少饭的决心，坚持沿自己选择的方向走下去，甚至在“文化大革命”中被管制的条件下，也毫不动摇。他利用看大门的机会，花费数年时间，将250万字的印度伟大史诗《罗摩衍那》译为中文，成为中外文化交流史上的一件盛事。他说，在真正的读书人心目中，学术事业是至高无上的，无论什么样的艰难困苦，都不能动摇这种信念，无论什么样的功名利禄，都不能污染这种信念。季先生对学术的执着，正是来自这种信念。

坚持学术创新，以填补学术空白攻克学术难点为己任

季先生坚持学术贵在创新的信条，凡写论文必须有学术新意，或提出新见解，或提供新材料，以填补学术空白和攻克学术难点

为己任，以重复前人劳动为学术研究大忌。季先生在写作的时候，掌握一条原则，绝不重复陈词滥调，没有新意不写。季先生常说：鹦鹉学舌，非我所能；陈陈相因，非我所愿，写一篇文章，总想在里面提出哪怕是小小的一点新看法。季先生一生写下1000多万字的论著，论文长的一篇有10多万字，短的只有几百字，大小几百篇散文、序、跋，篇篇没有类似之处，新论新意迭出。一部部学术专著，也都是填补空白之作，佛教研究是这样，语言学研究是这样，中外文化交流史研究也是这样，一部中外《糖史》，成为历史学领域独占鳌头之作。

重视考证，追求做学问的彻底性

在学风和治学之道上，季先生受中国乾嘉学派和德国梵学派影响最大。他说："在德国，实证主义的研究方法，其精神和中国的考据并无二致，其目的在拿出证据、追求真实。""我的学术探讨，在潜移默化中受到了中、德两方面的影响。""现在归纳起来可以说，我过去五六十年的学术活动，走的基本上是一条考证的道路。"

提出新见解不是靠主观臆想，而是要以材料为依据，有一分材料说一分话，搜集材料要有"竭泽而渔"的气概，而在辨析材料方面，要有"如剥春笋"的精神，追求学问的"彻底性"。许多学术问题不是靠一两篇论文就能彻底解决的，需要不断发掘新材料，加以验证、修订、充实和完善。为了能够彻底解决，对有些学术问题需要终生抓住不放。一部中外《糖史》，季先生写了几十年。

持之以恒，毕生勤奋

季先生认为搞人文社会科学研究的，必须积累极其丰富的资料，并加以细致地分析和研究，这就会遇到层出不穷和意想不到的困难，一定要坚韧不拔，百折不回，决不容许有任何侥幸求成的想法，也不容许犹豫不决，这样才能达到最后的成功。每天早晨4点，他准时起床，刮风，下雨，天冷，天热，从未间断过，等到7点吃早饭，他已经伏案工作了3个小时。有许多科研成果，就是在这段时间里完成的。他利用一切可以利用的时间，如走路，等汽车，会议间隙，甚至无关紧要的会议，他都能利用起来，在这些常人不看在眼里的时间，进行构思、写作。季羡林曾说自己的经验压缩成两个字，就是勤奋。他说，他不敢放松一分一秒，如果稍有放松，静夜自思就感到十分痛苦，好像犯了什么罪。季先生又说：时间是个常数，它公平无私，对任何人都一样，就看你如何运用了。正是由于毕生勤奋，先生才积稿盈室，著作等身。

季先生的成功秘诀就是他的治学态度和学术精神，我们今天学习、传承和弘扬他的治学态度和学术精神就是对他老人家的最好纪念。

◆聊城文化与季羡林的散文创作

刘东方

摘要：聊城文化中“孝”“真”“美”的元素，深深影响了季羡林的散文创作，使他的散文具有了思亲爱国，表真情、说真话以及“惨淡经营”散文美的特点，从中我们既可看出地域文化与季羡林散文创作之关联，也可了解其散文在当代散文史上的价值。

聊城，地处山东省西部平原，位于黄河与京杭大运河交汇点，为农耕文明和运河文化的重要区域，是一座历史悠久、文化资源丰富的城市。聊城自古以来就深受儒家文化的熏陶和滋润，“俗好儒，备于礼……畏罪远邪”[①]，民风淳朴，民众厚德、勤俭。早在春秋时期，孔子就曾多次到聊城授业讲学，其弟子子路、闵子骞、冉有等曾长期在聊城活动。被誉为“学术大家”的季羡林先生，就是聊城人。季羡林不仅在学术上取得非凡成就，而且其散文创作独树一帜，明显受到聊城文化的影响。本文主要从聊城文化的孝、真和美三方面来谈谈聊城文化对季老散文创作的影响。

①参见《史记·货殖列传》。

一

聊城文化倡导孝道。在“二十四孝”中，子路“百里负米奉亲”和闵子骞“单衣顺母”的故事均发生在聊城，二人的孝行对聊城产生了重要影响。聊城文化中，“孝为百行之元”的思想深入人心，影响久远。季羡林六岁就离开了聊城市临清县康庄镇官庄村，一生大部分时间是在聊城以外度过的，但是他对母亲的思念和爱，却从未有丝毫的减弱。读书期间，他曾立下志愿，“一旦大学毕业，自己找到工作，立即迎养母亲。然而没有等到我大学毕业，母亲就离开我走了，永远永远地走了。”在季羡林的散文中，母亲是一个崇高的形象，季羡林始终对母亲的去世怀着深沉的思念和无尽的悔恨。《母与子》表达了作者对母亲逝世的无尽悲哀与痛苦，也表现了对农村妇女丧子的同情和怜悯。在《赋得永久的悔》中，季羡林写道：“当我从北平赶回济南，又从济南赶回清平奔丧的时候，看到了母亲的棺材，看到了那简陋的屋子，我真想一头撞死在棺材上，随母亲于地下。我后悔，我真后悔，我千不该万不该离开母亲……世界上无论什么名誉，什么地位，什么幸福，什么尊荣，都比不上待在母亲身边。”这篇文章作于1994年，距离其母亲去世已有六十余年，但季羡林仍怀有撕心裂肺般的痛苦，可见母亲在他心中的地位是多么崇高，他深爱自己的母亲，为不能待在母亲身边陪伴母亲而悔恨，若季羡林的母亲地下有知，也必定会为有这样一个情真意重、博学多识的儿子而骄傲。再如《母与子》中的老妇人、《夜来香开花的时候》中的王妈，这些农村妇女同母亲一样，都经历了一生的苦难，结局也较为凄惨，季羡林把这些农村妇女与母亲形象放置在一起，表达了对她们由衷的同情和怜悯。聊城文化尊奉孝道，由此也形成了聊城人浓重的乡土观念和恋乡情结。作为长年漂泊异乡的留学生，季羡林在国外的凄清与孤独，既有对母亲的无尽思念，又有难以排遣的思乡之情。因此，无论走到哪里，无论身在何处，季羡林都心念亲人，心怀乡土，“我血管里流的是农民的血，一直到今天垂暮之年，毕生对农民和农村怀着深厚的感情”。[①]季羡林是农民之子，正如沈从文等现代作家和莫言等当代作家一样，季羡林从不忌讳自己的“乡下人”身份，他始终对农民和农村怀有深情，他也在自己的散文创作这一方园地中表达出对乡土的热爱和怀念之情。如《月是故乡明》中的“心飞向故里”，《听雨》表达了“恋乡”情结，又如《还乡十记——临清招待所》《还乡十记——聊城师范学院》《还乡十记——五样松抒情》等文中分别表现出了对故乡的招待所、大学的细小变化的欣喜和对人文名胜的喜爱。

在中国的传统文化中，“孝”和“忠”是分不开的，聊城文化中的孝道思想也是与忠孝精诚的爱国精神紧密相连的。因此，说到孝和思乡，就不能不提季羡林的爱国之心。留德期间，他对祖国充满了怀念。“这种怀念，在初到哥廷根的时候，异常强烈，以后也没有断过”，当博士论文加口试共得到四个优秀的好成绩时，他写道，“我没有给中国人丢脸，可以告慰我亲爱的祖国”，爱国之情在思亲思乡的基础上油然而生。他在《海棠花》中说：“乡思并不是很舒服的事情。但是在这垂尽的五月天，当自己心里填满了忧愁的时候，有这么一团浓烈的乡思压在心头，令人感到痛苦。同时我却又爱惜这一点乡思，欣赏这一点乡思。它使我想到：我是一个有故乡和祖国的人。故乡和祖国虽然远在天边，但是现在它们却近在眼前。我离开它们的时间愈远，它们却离我愈近。我的祖国正在苦难中，我是多么想看到它啊！”在季羡林的内心深处，故乡与祖国是一个统一结合体，思乡与爱国之情也具有同向一致性，思乡之切在某种意义上体现的就是爱国之深。他在《去故国》中写道：“我真不愿意离开这祖国，这故国每一方土地，每一棵草木，都能给温热的感觉。但我终于要走的，沿了自己在心中画下的一

①季羡林．听雨[G]//邓九平．季羡林散文全编（三）．北京：中国广播电视出版社，1999：195.

条路走。我只希望，当我从异邦转回来的时候，我能看到一个一切都不变的故国，一切都不变的故乡，使我感觉不到我曾这样长的时间离开它，正如从一个短短的午梦转来一样。”从思亲思乡到爱国，既是聊城文化孝道思想的延展，又是作为现代知识分子的季羡林个体的情感升华。他一生始终关注着国家的发展，时代的进步，无论顺境还是逆境，特别是他在“文革”期间被关入牛棚时，更是如此，可谓“位卑未敢忘忧国”，正如他在《牛棚杂忆》中说：“我能够活着把它写出来，是我毕生的最大幸福，是我留给后代的最佳礼品。愿它带着我的祝福走向人间吧。它带去的不是仇恨和报复，而是一面镜子，从中可以照见恶和善，丑和美，照见绝望和希望。它带去的是对我们伟大祖国和人民的一片赤诚。”在《一个老知识分子的心声》中，季羡林写道：“我生平优点不多，但自谓爱国不敢后人，即使把我烧成了灰，每一粒灰也还是爱国的。”其中令人可敬的爱国之情，不言自明。总体说来，季羡林对亲人的思念，对农民的同情，对故乡的追忆，对祖国的忠诚，体现的既是知识分子的使命感与责任感，也是聊城文化乃至齐鲁文化“忠孝爱国”的价值观。在季羡林看来，“忠孝爱国”不但是几千年来中国知识分子的优良传统，同其他国家的知识分子比较起来，也是中国知识分子的一个突出特点。这让笔者联想起来聊城的另一位爱国烈士张自忠将军，他在民族危难之际，投笔从戎，奔赴疆场，壮烈殉国。他是抗战中为国捐躯的唯一的国民党上将级军官，也是世界反法西斯五十个同盟国中殉职的最高将领。非常巧合的是，张自忠将军也是聊城临清人，为季羡林的同乡，二人一文一武，相得益彰，都是聊城“孝行”文化的典型代表。

二

“诚者，天之道也；思诚者，人之道也”，聊城文化中讲真情、守诚信的精神在百姓生活中俯拾皆是。齐景公时，晏子曾为东阿（今阳谷县阿城镇）宰，面对景公的不当之赏，晏子不仅不受，反而向景公反映实情，表现了可贵的真诚精神。从聊城文化衍生出的一些习俗来看，真诚的事例也随处可见，譬如新中国成立初期，聊城仍流行着“对瓦”卖牛的习俗，即买卖双方将牛的价格谈好后，先将一片瓦摔成两半作为信物，等过一段时间发现牛没有问题后，双方再凭借各持瓦块完成交割……这种文化精神在季羡林的散文创作中也有所体现，他认为“散文的精髓在于真诚”，讲真话，讲真情，是季羡林文章的最大特色。季羡林在《漫谈散文》中说：“我认为散文的精髓在于‘真情’二字，这二字也可以分开来讲：真，就是真实，不能像小说那样生编硬造；情，就是要抒情的成分。”[①] 在他看来，“真”与“情”在散文中是互为表里的，“真”就是真实，也就是“写文章必须说真话，不说假话”[②]；“情”就是真情，只有真情才能引起共鸣。季羡林多次阐释了上述散文观念。“我对散文提出来的标准是一个‘真’字，换句话说，就是必须有真感情，连叙事散文也必须‘真’，不能捏造，不能胡编。”[③]“我扪心自问，我的感情是真实的，我的态度是严肃的，这一点绝不含糊。我写东西有一条金科玉律：凡是没有真正使我感动的事物，我绝不下笔去写。”[④]“真情”在季羡林的散文中屡屡得以体现，其中有师生之情，也有同事之谊。在《西谛先生》中，他写道：“西谛简直不像是一个教授，在他身上，看不出半点教授的架子，他

---

①季羡林．漫谈散文[G]∥邓九平．季羡林散文全编（一）．北京：中国广播电视出版社，1999：6.

②季羡林．赋得永久的悔·自序[G]∥邓九平．季羡林散文全编（四）．北京：中国广播电视出版社，1999：353.

③季羡林．漫谈散文[G]∥邓九平．季羡林散文全编（一）．北京：中国广播电视出版社，1999：3.

④季羡林．季羡林散文集·自序[G]∥邓九平．季羡林散文全编（四）．北京：中国广播电视出版社，1999：270.

也没有一点论资排辈的恶习。他自己好像并不觉得比我们长一辈，他完全是以平等的态度对待我们，他有时就像一个大孩子，不失其赤子之心。他说话非常坦率，有什么想法就说了出来，既不装腔作势，也不以势压人。他从来不想教训人，任何时候都是亲切和蔼的。因此，我们背后就常常说他是一个宋江式的人物。”[①]在《怀念胡也频先生》中，季羡林对老师感情之深也可略见一斑，“胡也频不但在课堂上宣传，还在课外进行组织活动。他号召组织了一个现代文艺研究会，有几个学生积极分子带头参加，公然在学生宿舍的走廊上，摆上桌子，贴出布告，昭告全校，踊跃参加。当场报名填表，一时热闹得像是过节一样。时隔60年，一直到今天，当时的情景还历历在眼前，当时的笑语声还在我耳畔回荡，留给我的印象之深，概可想见了”[②]。阅读季羡林的散文，读者最大的一个感受就是“真情”，文中流露的情感真挚可信，朴素动人，正如季羡林自己的为人，以真交友、以诚待人。同样的真情，还体现在《我记忆中的老舍先生》《回忆梁实秋先生》《悼念姜椿芳同事》和《我的老师董秋芳先生》等文中。

除了师生和同学之情外，季羡林散文的“真”还表现为说真话。《牛棚杂忆》写于1992年，1998年出版，在《自序》中，季羡林说，“我写文章从来不说谎话，我现在把事情的原委和盘托出，希望对读者有点帮助”；“我没有说谎话，只有这一点是可以告慰自己，也算是对得起别人的”；“我不愿说谎话，讲些为国为民的大道理。我只能说，这样做能使自己心里很平静”。该散文集实际上是季羡林对其在“文革”时期的亲身经历和独立思考的一本回忆录，“这一本小书是用血换来的，是和泪写成的”[③]。文中处处流露着自我

①季羡林．西谛先生[G]//邓九平．季羡林散文全编（二）．北京：中国广播电视出版社，1999：4.
②季羡林．怀念胡也频先生[G]//邓九平．季羡林散文全编（二）．北京：中国广播电视出版社，1999：325.
③季羡林．祝词[G]//邓九平．季羡林散文全编（四）．北京：中国广播电视出版社，1999：1.

剖析的“真”，他丝毫没有因为20世纪90年代自己在学界的社会地位而有所忌讳，有所顾虑，他毫不掩饰自己在“文革”期间对“文革”和“反右”的错误认识，“我自己在被打得‘一佛出世，二佛升天’的时候还虔信‘文化大革命’的正确性，我焉敢苛求于别人呢？打人者和被打者，同是被害者，只是所处的地位不同而已。就由于这些想法，我才没有进行报复”。对那位不可一世、得意忘形的“老佛爷”的顶撞，为那位身处绝境的“老右派”流泪的细节，都可体味出季羡林的“真”来，尽管他自己也身处危境。

与真的思想相一致，季羡林主张散文的题材要写“身边琐事”。他说：“没有身边琐事，就没有真正好的散文。”[①]他认为在围绕身边琐事进行散文创作时，要将创作主体的真实感受灌注其中，起到深水细流、以小见大的效果，这样才能引起读者的共鸣，“这样的文章能净化我们的感情，陶冶我们的性灵，小中有大，小中见大，平凡之中见真理，琐细之中见精神”[②]。乐黛云对季羡林的“身边琐事”有过详细的解释：“所谓‘散’，就是漫谈身边琐事，泛论人情世局，随手拈来，什么都可以写；所谓‘似散’，就是并非‘真散’，而是‘写重大事件而不觉其重，状身边琐事而不觉其轻’。写重大事件而觉其重，那就没有了‘散’；状身边琐事而觉其轻，那就不是‘似散’而是‘真散’了。唯其是‘散’，所以能娓娓动听，异趣横生；唯其不是‘真散’，所以能读罢掩卷，因小见大，余味无穷。”[③]例如《在德国——自己的花是让别人看的》，通过“他们的花不像在中国那样，养在屋子里，他们是把花栽种在临街窗户的外面。花朵都朝外开，在屋子里只能看到花的脊梁”这样一

①季羡林．季羡林散文集·自序[G]//邓九平．季羡林散文全编（四）．北京：中国广播电视出版社，1999：270.

②季羡林．季羡林散文集·自序[G]//邓九平．季羡林散文全编（四）．北京：中国广播电视出版社，1999：270.

③乐黛云．真情·真思·真美——我读季羡林先生的散文[J]．中国文化研究．2001秋之卷．

个琐事，表现了德意志民族爱美的天性。[①]

季羡林的散文在结构安排、意象与意境的构造以及语言的运用上也都表现出与“真”相一致的特点，思想内容与其艺术形式紧密关联且相得益彰。季羡林在散文创作中讲究结构的安排，这种安排或双线或单线，均平实平常。如《母与子》就以明暗双线来架构全文，明线表现作者在母亲去世后的寂寞与悲哀，暗线则表现老妇人思念儿子时的悲苦与凄凉，在结尾处，两条线索自然汇合、缠绕在一起。又如《夹竹桃》一文，运用的是“开头设悬念，卒章显其志”的结构方式。钟敬文认为该文“文字再朴实不过，情感再真纯不过。结构再平实不过”。同时，季羡林在散文创作中还注意意象的选择与意境的构造。在他的笔下，枸杞树、海棠花、马缨花、夹竹桃、石竹花、二月兰等植物都是普通的树木花草，但却寄托了作者的真情实感和人生感悟。在《二月兰》中，二月兰作为一种常见的野花，在季羡林心中却象征着一种人生哲学，因为它们“纵浪大化中”，却一切顺其自然，可谓悲喜无所惧，这是季羡林十分推崇的一种人生态度。在《春满燕园》中，作者重墨营构的燕园繁华渐远的意境，是为来年春天，更是为时代春天的到来作铺垫。

在语言方面，季羡林的散文厚重真实而朴实无华。他曾经明确提出自己在散文语言上的追求：“理想的散文是淳朴而不乏味，流利而不油滑，庄重而不板滞，典雅而不雕琢。”因此，季羡林的散文语言朴实精练，明白晓畅，不故作高深，也不过分雕砌，从而形成了既朴素流畅，又庄重典雅，寓庄重典雅于真实淳朴之中的语言风格。同时由于他古典文学和外国文学修养深厚，在叙事抒情的过程中，往往能引经据典、考镜源流，甚至辨章学术，起到画龙点睛的作用，但又不像其他散文作家那样卖弄知识、卖弄机智。

①季羡林．在德国——自己的花是让别人看的[G]//邓九平．季羡林散文全编（二）．北京：中国广播电视出版社，1999：106.

钟敬文对季羡林的散文语言极为推崇，他认为季羡林的散文语言达到了文学的最高境界："文学的最高境界是朴素，季羡林的作品就达到了这个境界。他朴素，是因为他真诚。"

三

聊城境内河道众多，水源丰富。据考证，大禹治水的主要区域之一就是鲁西北平原，"禹治九河，徒骇为首"。流经聊城境内的徒骇河、马颊河及古黄河，均为禹当年治理过的河流。如今，聊城水面辽阔，东昌湖面积是大明湖的三倍，仅次于杭州西湖，是江北最大的人工淡水湖泊，聊城因此被誉为"江北水城"。历史上，穿城而过的大运河开通之后，聊城经济逐渐繁荣。元朝末期，当时的东昌（今聊城）成为南北漕运之要冲，带动了城乡工商业的发展，客商往来频繁，商品交换活跃。明清时期，商业更加繁荣，东昌为当时沿河九大商埠之一，被誉为"漕挽之咽喉，天都之肘腋""江北一都会"。仅季羡林家乡临清钞关的税收就占当时运河漕运税收的四分之一。当时，聊城商贾云集，百业兴隆，江浙、秦晋等地客商争相拥入，运河两岸，会馆林立。经济的繁盛使聊城的文化底蕴益厚，文运大开，儒学星列，书院林立，私塾遍布，一时"科目鼎盛，贤士辈出"。清代聊城就出了两个状元，分别为开国状元傅以渐和康熙六十年状元邓钟岳。平民教育家武训行乞办学的义举，受到清廷大加褒扬，武训被授予"义学正"的称号。誉满学界的"海源阁"藏书楼，也在聊城。钟灵毓秀的水文化滋养和文化教育的繁荣，使得聊城文化特别推崇美和欣赏美。与季羡林同时代的李苦禅，画风以质朴、雄浑、豪放著称，笔力苍劲，气势博大，被誉为"大写意的巨匠""当代中国画的大师"，他的家乡聊城市高唐县为全国闻名的书画之乡。季羡林也深受推崇美、欣赏美的聊城文化的影响，对散文的美有执着的追求，他“像写诗那样来写散文”[①]，“像谱写交响乐那样来写散文”[②]。他的散文创作功底深厚，博采众长[③]，淳朴自然，清新婉约，充满了人情美和人性美，是名副其实的当代美文。正如他自己所说：“我追求的风格是：淳朴恬澹，本色天然，外表平易，秀色内涵，形式似散，经营惨淡，有节奏性，有韵律感，似谱乐曲，回环往复，万勿率意，切忌颟顸。”这种追求，表现在创作和审美层面上，就是季羡林屡屡提及的“惨淡经营”。他在《漫谈散文》中说，“我发现，中国古代优秀的散文家，没有哪一个是‘散’的，是‘随’的。正相反，他们大都是在‘意匠惨淡经营中’，简练揣摩，煞费苦心，在文章结构和语言的选用上，狠下功夫。文章写成后，读起来虽然如行云流水，自然天成，实际上其背后蕴藏着作者的一片匠心”[④]。在季羡林看来，散文创作应该谨严，他本人非常反对散文创作中的“松散派”，更反感他们提倡的“散漫”与“随便”。在《意匠惨淡经营中》中，季羡林再次强调了该观念，“写散文同写别的文章体裁一样，也要经过充分构思，精心安排，对全篇结构布局，要仔细考虑，要有逻辑性，有层次；对遣词造句，也要认真推敲，不能苟且下笔，我自己是属于这一派”[⑤]。在这里，所谓的“惨淡经营”体现的是创作主体的“匠心独运”，这也正体现了季羡林对散文美的重视，这种散文美在他的创作中处处可见，他也为读者奉献了一些堪称经典的散文作品。

---

①季羡林．《季羡林选集》跋[G]//邓九平．季羡林散文全编（四）．北京：中国广播电视出版社，1999：205.

②季羡林．《季羡林选集》跋[G]//邓九平．季羡林散文全编（四）．北京：中国广播电视出版社，1999：208.

③季羡林在《日译〈季羡林散文集〉》前言中曾说：“我写散文受的影响，归纳起来可以说有三个方面：中国古典散文，英国散文和日本近代散文。”

④季羡林．漫谈散文[G]//邓九平．季羡林散文全编（一）．北京：中国广播电视出版社，1999：7.

⑤季羡林．意匠惨淡经营中[G]//邓九平．季羡林散文全编（六）．北京：中国广播电视出版社，1999：284.

在《富春江上》一文中，他先从“到江吴地尽，隔岸越山多”两句诗起笔，认为平时只是欣赏诗句的意境，而没有丝毫的感性认识，只有到了钱塘江畔富春江上，“极目一望，江水平阔，浩渺如海，隔岸青螺数点，微痕一抹，出没于烟雨迷蒙中。‘隔岸越山多’的意境我终于亲临目睹了”[①]。而后又从江中游艇的视角，写道：“江水青碧，水声淙淙，艇上偶见白鸥飞过，远处则是点点白帆。黑色的小燕子在起伏翻腾的碎波上贴水飞行，似乎在努力寻觅着什么……岸上则是点点的远山，飞也似的向艇后奔，一点消失了，又出现了新的一点，数十里连绵不断。难道诗句中的‘多’字表现的就是这个意境吗？”[②]文章再次照应前文，而后，由眼前的景色，想到了这里的历史人物越王勾践和吴王夫差，并发出了物是人非的感慨。随后，作者的思绪又回到了眼前，耳边响起诗僧苏曼殊的“春雨楼头尺八箫，何时归看浙江潮”的诗句，脑海中便想象出钱塘潮的景象。随后，作者的视角再次变化，“爬上了鹳山，登上了春江第一高楼”，凭窗远望，富春江景色尽收眼底，因为高，点点风帆显得更小了，而水上的小燕子则无影无踪。由眼前的景色，作者又联想到了历史人物严子陵，随后又将富春江的“阴柔之美”与黄山的“阳刚之美”进行比照，生出了“刚柔不同，其美则一”的感想，并得出了“江山如此多娇，作为中国人的幸福感油然而生”的结论。结尾处则用了曲笔，通过刚到富阳而没到桐庐的遗憾，吊起了读者探寻美景的胃口，文章却到此戛然而止，因为“这一憾事也自有它的绝妙之处，妙在含蓄”。文章的结构回环反复，视角不断变化，景物与历史交叉，美景与诗句相谐，惊叹与遗憾并存，同时，

①季羡林．富春江上[G]//邓九平．季羡林散文全编（二）．北京：中国广播电视出版社，1999：28.
②季羡林．富春江上[G]//邓九平．季羡林散文全编（二）．北京：中国广播电视出版社，1999：29.

语言也于朴实自然中显示出韵律美和节奏感，是一篇名副其实的诗化美文，颇具郁达夫的《钓台的春昼》遗风，也深得周作人散文的神韵。《游石钟山记》《登黄山记》《尼泊尔随笔》《登庐山》《海上世界》《登蓬莱阁》《兰州颂》《观秦兵马俑》《游唐大招提寺》《清韵荷塘》等文都对祖国的山水景物、名胜古迹进行了精细的描绘，将自然景物与人文历史有机融合，吟诵人与自然的和谐，成为当代散文中名副其实的美文。

除了描写自然景物的美之外，季羡林的散文还书写人和动物的美。《日本人之心》描述了在诗仙堂偶遇素不相识的日本少女的故事，赞扬了少女的纯洁天真和萍水相逢的退休女教师的善良。《一个影子似的孩子》描写了一个不说话的小孩子，他像影子一样追随着游客，一开始甚至引起了游客的反感，但下雨的时候，小孩子却独自一人默默地去帮助游客拿伞、撑伞。《老猫》中那个脾气暴躁、虎虎生风的“虎子”，率性真诚，与作者精神相通，使作者于平淡寂寞中得一丝丝的慰藉和安慰。上述散文描写都是现实生活中最普通的人和动物，看似平淡无奇，却渗透了作者的苦心经营，其中蕴含的善良与纯朴，至真至性，让我们如沐春风，并因此而感到世界的美好。

正是聊城文化“孝”“真”和“美”的哺育，使得季羡林的散文具有了自身的特点，同时这些特点也是中国新文化视野内的现代散文自身传统孕育的结果。譬如，在“美”的方面，季羡林的散文与周作人开创的“美文”观念一脉相承；在“真”的方面，又与林语堂的散文观念有些相似；在“孝”的方面所体现的爱国之心，表达对时代与环境的关注，取材虽小，却心忧天下，发挥散文的社会功能，又与鲁迅等人的杂文创作具有继承关系，从中我们既可看出地域文化与其散文创作之关联，又可理解季羡林散文在当代散文史上的价值。

[原载于《重庆师范大学学报（哲学社会科学版）》2014年第1期；《聊城大学报》第21期（2014-06-04）。刘东方，男，1966年6月生，山东聊城人，时任聊城大学文学院教授，现任青岛大学文学院院长、教授、博士生导师。主要研究方向：中国现当代文学作家、中国现当代作家文体与语言。]

◆ 季羡林的故乡情结

井扬

摘要：临清的发展凝聚着季老的心血，家乡人民也始终对季老充满敬仰之情。季羡林先生对家乡的热爱，是发自内心的热爱，而这种热爱又与爱国、爱山东和爱聊城紧密结合，正如季老所说：“要想爱国，必先爱乡；乡而不爱，何从谈国！”理解季老的故乡情结和家乡人对季老的怀念之情，并从中揭示这种故乡情结的原因、过程和意义，具有十分重要的文化价值。此项研究也正是为了探求季羡林先生与临清文化、齐鲁文化乃至中华文化之间的联系，为了更好地研究和弘扬季学。

1911年8月2日，季羡林出生于临清市康庄镇官庄村的一户农民家庭。6岁离家，到济南投奔叔父季嗣诚，读完中小学。1930年考入清华大学西洋文学系。1934年大学毕业后，在山东省立高中任教。1935年9月，考取清华大学赴德国研究生。留德期间，季羡林饱受“二战”带来的战乱之苦，在逆境中坚持刻苦攻读，获得哥廷根大学哲学博士学位。“二战”结束后，季羡林于1945年10月辗转经瑞士回到祖国，到北京大学任教。他创建了北京大学东方语言文学系，先后担任该系教授、系主任，北京大学副校长，北京大学南亚研究所所长等职务，并曾担任第五届全国政协委员和第六届全国人大常委会委员。他博古通今，著作等身，是当代著名的语言学家、翻译家、散文家、东方文化研究专家。2009 年 7 月 11 日，季羡林先生与世长辞，享年 98 岁。

“运河名城”临清是千年古县、山东省历史文化名城，有“繁华压两京”“富庶甲齐郡”之誉，这里人杰地灵、名人辈出。历史上，临清的兴衰与漕运相始终，季羡林先生也正是出生在漕运逐渐终止之际。漕运逐渐停滞，使临清繁华不再，临清也饱受经济不振、文化中衰之苦。中华人民共和国成立后，特别是改革开放以来，运河名城临清又焕发了新的光彩，而一直关心家乡发展的季羡林先生为了临清各项事业的发展竭尽所能。捐书、修路、修葺宝塔，无一不体现出季老的拳拳之情。在对临清未来的展望中，季老希望临清能够在经济建设和文化建设中得到更大的发展。

季羡林先生对家乡的热爱，是发自内心的热爱，而这种热爱又与爱国、爱山东和爱聊城紧密结合，正如季老所说：“要想爱国，必先爱乡；乡而不爱，何从谈国！”因此，理解季老爱国的道德情怀与爱乡的乡土情结，感悟季老取得巨大成就的精神动力之源，理解家乡人对季老的怀念之情，并从中提炼出临清文化与鲁西民风的精神特质，具有重要的文化价值。此项研究也正是为了探求季羡林先生与临清文化、齐鲁文化乃至中华文化之间的联系；为了更好地研究、弘扬季学，更好地发扬临清及鲁西地区的文化特色，特别是临清“中洲”运河文化，以提升临清及鲁西地区的文化知名度。

一、季羡林先生笔下的家乡

对于季羡林先生的人生经历、杰出成就和爱国之情，人们早已知之甚多，但是对于他生于鲁地僻壤，六岁离家，长别母亲与故土，却始终怀有炽烈的故乡情结，念念不忘生养自己的那方土地，牵挂家乡的父老乡亲之情，人们却知之甚少。

季羡林先生是一个感情极为丰富的人，但他很少将自己内心深处的情感外露，只在他的散文中，用文字倾泻出来。数年间，他将自己的思乡之情融入众多的文学作品之中，其中无一不带着些许神往和深深的思乡情。季先生的散文没有华丽的辞藻，朴素是他最大的特点，那些浓烈的情感用朴素的话语娓娓道来，真纯动人，每位读者都为之触动，个中滋味，唯有自知。

“极重感情，决不忘恩”，这8个字是季羡林先生给自己的评价，也是他一生的感情轨迹。他在《怀念母亲》一文中这样写道：“我一生有两个母亲：一个是生我的母亲，一个是我的祖国母亲。我对这两个母亲怀着同样崇高的敬意和同样真挚的爱慕。”而离开故乡，离开母亲，是季羡林先生永久的悔。他在6岁之前，同母亲朝夕相处，相依为命，母亲那双长满了老茧的手，在他心里占据了重要的位置，留下了不可磨灭的印象。后来季羡林先生离家求学，想着母亲多少日夜眼望远方盼望自己的儿子归来，他发誓在大学毕业后一定要迎养母亲。然而树欲静而风不止，子欲养而亲不待。季羡林上大学二年级时母亲去世。“我不忍想象母亲临终时思念爱子的情况；一想到，我就会心胆俱裂，眼泪盈眶。当我从北平赶回济南，又从济南赶回清平奔丧的时候，看到了母亲的棺材，看到那简陋的屋子，我真想一头撞死在棺材上，随母亲于地下。我后悔，我真后悔，我千不该万不该离开了母亲。世界上无论什么名誉，什么地位，什么幸福，什么尊荣，都比不上待在母亲身边，即使她一个字也不识，即使整天吃‘红的’。”《赋得永久的悔》是季先生在望九之年写下的一篇文章，时隔多年，历经沧桑的老人，内心深处的感情沉淀得愈加浓烈，如今读来实在让人动容。

母亲虽已离世，但是父老乡亲还在，故乡还在，“乡音未改鬓毛衰”，对故土的深深眷恋、对家乡的浓浓思念、对亲人的无比怀念始终萦绕在季先生的心间。这种情感付诸笔端，便写出一段段情真意切的文字。有据可查的是，在他6卷180万字的散文集中，写到故乡的文字就有20余万，其故乡情思概可想见了。

他在散文《月是故乡明》中写道：“我看过许许多多的月亮。在风光旖旎的瑞士莱芒湖上，在平沙无垠的非洲大沙漠中，在碧波万顷的大海中，在巍峨雄奇的高山上，我都看到过月亮，这些月亮应该说都是美妙绝伦的，我都异常喜欢。但是，看到它们，我立刻就想到我故乡那苇坑上面和水中的那个小月亮。对比之下，无论如何我也感到，这些广阔世界的大月亮，万万比不上我那心爱的小月亮。不管我离开我的故乡多少万里，我的心立刻就飞来了。见月思乡，已经成为我经常的经历。思乡之病，说不上是苦是乐，其中有追忆，有惆怅，有留恋，有惋惜。流光如逝，时不再来。在微苦中实有甜美在。”季羡林先生笔下的故乡因月亮而变得明亮，故乡的月亮也因为季羡林先生的文采而变得格外圆润，天涯海角的游子们一想到故乡，心总是柔软的，不经一触的。

季羡林先生走出了家乡，走出了国门，但没有走出那根植心底的爱国情结；他走进了燕园，走上了大学的讲台，但没有走出那融入生命的乡土情结。他曾为《临清市志》作序，在文中这样写道：“在中国历史上，爱国主义成为传统，由来已久，在全世界罕见其匹。原因是在中国历代都有外敌侵略蹂躏中国人民，存在决定意识，于是就逐渐形成了浓烈的爱国主义。进行爱国主义教育也是其道多端。我个人认为，要想爱国，必先爱乡；乡而不爱，何从谈国！我在小学读书的时候，有一门课程，叫作‘乡土’，专讲本地区的文化、历史，以及各方面的情况。我学了以后，觉得非常亲切、有味，受益良多。爱乡之心，必然油然而生。乡相连而成国，在潜移默化中，既然爱乡，还能不爱国吗？”

二、家乡人眼中的季羡林先生

季羡林先生一生心系桑梓，情牵故土。他省吃俭用，捐资支援家乡教育事业；他奔走呼吁，使临清古塔得以修缮；他撰写文章，宣传临清，让外界了解临清，了解聊城；等等。临清的发展凝聚着季老的心血，家乡人民不会忘记。季羡林先生在世时，家乡的不少人都拜访过他，聆听过其教诲。

1. 印象季羡林

返璞归真，淡定从容，正是季羡林先生治学、为人的写照。袁行霈先生曾说："和他在一起，矜可平躁可释，一切多余的雕饰的东西都成为不必要的了。他的朴实带有豪华落尽的真淳，好像元好问所称颂的陶诗。"季羡林先生学贯中西，闻名世界，对待家乡人真诚热情，诚恳认真，平易近人之风感人至深。他总是穿着朴素的装束，脸上挂着慈祥的笑容，让人心里暖暖的。有家乡人去拜访季老，他总是紧紧握住乡亲的手，好久不松开，还亲热地问起山东及家乡的情况。

王克玉先生回忆起第一次去探望季老的情形："他牵着我的手，在家里走东间看西间，开开书橱，翻翻书本，各个房间满满当当的藏书让我眼界大开。他告诉我：'在北大教授中，如果评'藏书状元'，我恐怕是当之无愧的。''我的藏书都像是我的朋友，而且是密友。'季老的热情、朴实、博览群书，给我留下极为深刻的印象。"

张梦阳先生深情地回忆他的季伯父，他认为对季老最恰切的称谓，应是"精神劳动者"：一位世上少有的勤恳、深邃、韧长、博大的"精神劳动者"。倘若季先生活着，还能和他谈心的话，他以为季先生会接受这一称谓。哲人已逝，精神长存。他永远心仪着季羡林先生。

蒋保江先生回忆起季老回乡过九十大寿时的讲话场景：季老即席讲话，却思路清晰、逻辑性强。他从沿途火车上的见闻讲起，联系庆典场景，谈年龄、人生、交往、教育和希望，涉及国内国际，和言细语，娓娓道来。最后，季老重点讲了“忠诚”，掷地有声：“中华民族、中华文化的基础是忠诚。……我们要提倡忠诚，忠诚于我们的祖国，忠诚于我们的山东，忠诚于我们的聊城，忠诚于我们的临清。每个人相互忠诚，把自己的力量献给我们的国家、我们的人民。”听着这铿锵有力的话语，季老那爱祖国、爱家乡、爱人才的赤诚情怀表露无遗。季老的形象越来越高大，像泰山之巅傲然屹立的苍松！

马景瑞先生与季老同村，也是村里第一位与季老通信的，他与季老相交多年，季老对这位同乡特别关心：“当我还在教书的时候，季老经常应我的请求寄来一些书籍和北大学报。当我面对工作变动感到困惑时，季老总是语重心长，循循善诱，给我多方面的指教。当我转入临清人大工作时，季老又再三勉励我：‘现在工作清闲了，要静下心来，看点书，写点东西。’季老知道我爱读他写的散文，每当有新的著作问世，他总要题赠给我一本。季老还经常向到北大看望他的临清人打听我的工作和学习情况。今年 4 月 1 日，我到北大去看望季老，一见面，他就说：‘听说你的毛笔字练得不错了。’一句普普通通的话，却使我深受感动。”

2. 季老为家乡做的贡献

季老尽其所能为故乡出力，实实在在为家乡办了许多有意义的好事。这些都是鲜为外界所知的事，然而家乡人民却永远难以忘怀。

1973 年 8 月 7 日上午，季老在一别四十年的故乡住了五天就要离去的时候，面对列队欢送他的小学师生和父老乡亲，眼含热泪，频频招手致意，无比激动地大声说：“回到北京，我一定给你们寄书来！”他说到做到，短短的几年时间，先后给家乡寄来两千余册图书，深受欢迎。1976 年 10 月 3 日，他给乡亲写信说：“我设想，在十年以内，为我们庄(小学在内)建立一个有几千册书籍的图书室，再加上其他一些必要的设备(例如电视之类)。人民的文化水平总是会逐步提高，他们的要求也会随着提高，图书室是必不可少的。”

1987年11月，临清爱好诗词歌赋的离退休老同志发起成立了清渊诗社，要聘请季老担任名誉社长。季老愉快地答应下来，并说，成立诗社是一件好事情，对当地文化经济的发展都有好处。与此同时，季老还主动介绍并代为邀请臧克家先生也来担任诗社的名誉社长。可见季老对弘扬运河文化，尤其是对临清清渊诗社的成长和发展，关怀备至，极力相助。不仅如此，诗社创办诗刊《清渊诗词》，十几年来，几乎每期季老都亲自审阅，并几次题词、写序言，给予指导和鼓励。诗社建社十五周年时，季老虽然身体欠佳，仍然高兴地为诗刊题词以资鼓励。他写道：“临清自古为齐鲁文化古都，风流余韵至今未息，清渊诗社诗人群之兴起非偶然也。祝清渊诗社继续前进，取得更辉煌的胜利。”

1991年9月，季老致信胡乔木同志：“我这次回故乡临清，当地的党政领导向我提出临清舍利宝塔(省级文物保护单位)的修复事宜。我是一介书生，两袖清风，没有办法，只好请你帮忙说话了。”他多次说过，自己一生从来不愿意麻烦人，这次为修复家乡古塔竟破了例。由于季老和胡乔木同志的过问，国家文物局破例拨来四十万元专款，使宝塔得以顺利修复。

1992年8月，季老通过自己的一位学生，为官庄小学争取到一位德国友人一千一百美元的捐助，改善了学校的办学条件。

1994年，季老获得北大特别贡献奖，奖金两万元。在老伴生病住院已达数月，正急需用钱的情况下，他毅然拿出一万元捐给故乡小学，建立起“官庄村季羡林教育奖励基金”。他给村支书任玉池写信说：“我的目的只有一个，那就是尽快提高我们官庄的教育水平，多出几个像样的人才。我是个穷教授，没有多少钱。不过，我以后还会捐钱的。”季老真情关怀故乡人民的炽热情怀，由此可见一斑。

1999年9月，季老将他担任主编的大型图书《传世藏书》123册捐赠给临清，为家乡人民提供了宝贵的精神食粮。多年来，偶有家乡人请季老题词、写牌匾等，他总是自谦地说：“我的毛笔字写得难看，从来不是什么书法家，但如果对家乡有利，我也可以献丑。”他对家乡的这种特殊感情，在写《临清市志·序》时表达得更充分、更感人肺腑：“我愿追随诸君子之后，竭尽绵薄，为自己的桑梓之邑做最后的冲刺。”

三、对家乡的惦念与牵挂

季羡林先生曾说过：“国家要兴旺的话，我们首先要爱国，爱国必须先爱家乡，先爱我们临清，爱我们聊城，爱我们山东。”在漫长的岁月中，季羡林时刻牵挂着家乡，对故乡的思念从未停止过。山东大学教授、季羡林研究所副所长蔡德贵先生说：“先生的心，其实从来没有离开过故乡。”

季羡林先生曾写下《还乡十记》，里面记录了他对家乡发展的欣喜与祝福。而《还乡十记》的“十”是季先生选出来的数字，他认为“十”在中国是圆满吉祥的数字。多年来家乡的领导也带着家乡人民的问候和祝福到北京去看望他，每次见面他首先关注的是家乡的发展和农民的收成问题。

在日记中，在与乡友的通信中，季羡林先生的思乡之情表达得更是淋漓尽致。他在《清华园日记》中写道，“总想到回清平”(官庄原属清平县，后划归临清市)，到德国留学后，他更是想家，“有时想得不能忍耐”(见《留德十年》)。1964年2月23日，他给正在上大学的小老乡郝连荣写信说：“寒假间，你大概回家了吧。我想到你回家，就想到那个一别近三十年的故乡，连夜做故乡的梦。我是多么想看到它呀！”1995年3月4日，在写给小学校长马泽镜的信中又说：“我虽然六岁离家，但是我一生漂泊四海，从未忘掉生我之地的官庄，我对官庄怀有极深的感情。”季老这种对故乡极深的感情还表现在他忘不掉经常偷偷给他半个白面馒头的大奶奶，忘不掉常在一块玩耍的小伙伴杨狗和哑巴小，忘不掉带他拾麦子的宁大婶、宁大姑，忘不掉教他认了几个字的启蒙老师马景恭……当然更忘不掉埋在故乡黄土里的苦命的母亲！这些亲人经常出现在他的梦中和他的散文中。他牵挂父老乡亲的命运，曾说：“一想到自己家乡的穷困，一想到中国农民之多、之穷，我就忧从中来，想不出什么办法，让他们很快地富裕起来。我为此不知经历了多少不眠之夜。”(见《还乡十记》)1975年1月19日，他给老友写信道：“我们家乡收成又不好，颇为忧心。”季老远在北京，却经常打听家乡的年景，天天看天气预报，看见天旱就忧心如焚，听见下雨便心旷神怡。他把自己的忧乐系于父老乡亲身上。

“月是故乡明。”在季老心目中，那些广阔世界的“大月亮”，万万比不上故乡“苇坑上面和水中的那个小月亮”(见《月是故乡明》)。他为家乡曾有过的辉煌而自豪：“临清自古为鲁西北文化经济重镇，风流余韵，辉耀齐鲁。”(见《清渊诗选·序》)他看到改革开放后的故乡“陡然富了起来”，心中充满了“浓烈的幸福之感”，“觉得自己的家乡从来没有这样可爱过”(见《还乡十记》)。展望故乡的未来，他更是欣喜若狂。2001年8月9日，他给家乡领导写信说：“我们临清自然资源和文化底蕴都是非常雄厚的。在各位同志的领导下，我们的前途正如旭日东升，是未可限量的。我这个九旬老人也想发‘少年狂’了。”季老喜爱家乡的红枣，认为“家乡的枣最甜”，他还清楚地记得，“每当红枣收获的季节，临时搭建的加工棚总是白烟缭绕，香飘十里”。他偏爱家乡的饭，对小米绿豆稀饭、玉米面饼子、大锅饼、牛肉干念念不忘。1982年9月回家乡时，“品尝了同时端上来的六个汤，汤汤滋味不同”，他啧啧称奇，认为“这是在任何地方都没有见到过的”。他对故乡的一棵“五样松”赞叹不已，认为一棵松树上同时长出五种不同的叶子，过去“不但没有见过，而且也没有听说过”(见《还乡十记》)。季先生还经常向自己身边的助手、学生介绍家乡，说临清的棉花长得如何好，烹调技术如何高，温泉的水如何美……季老津津乐道这一切，正是他爱乡之情的自然流露。

1973年，思乡情深的季羡林携家眷赶回了老家临清。“当时交通条件不好，乡亲们为他准备的是地排车和自行车，他骑自行车从县城回老家大官庄村。他说，别人都说近乡情更怯，他回到老家一点都不感到陌生，就好像没有离开过一样。”

2001年，季老回老家官庄村给母亲上坟，母亲的坟就在村口，一到坟前，季老便跪下了，一位年近九旬的老人跪在母亲坟前泪流不止。他深情地告诉母亲：“娘啊，这恐怕是你儿子今生最后一次来给您扫墓了，将来我要睡在您的身旁！”当时有人劝他说：“您都这么大年纪了，再下跪不好了吧。”可季老对周围的人说：“我就是要跪给别人看，教育每个人都要对母亲孝顺，对家乡更加热爱。”爱母之情可谓感动天地，孝道在季老身上得以充分体现。

四、季老关切临清运河文化的发展

1985年秋天，临清部分书画家到北京市海淀区，和那里的书画家举办书画联展。季老愉快地接受了邀请并参加了书画联展的开幕式。他仔细观看了临清书画家的作品，高兴地说：“应当请新闻单位来看一看，搞好宣传，让临清运河文化重放光彩。”事过七年之后，季老在为《清渊诗选》写的序中又说：“临清自古为鲁北文化经济重镇，风流余韵，辉耀齐鲁。可惜时移世变，津浦铁路一修成，大运河又部分断了流，这对临清经济和文化的发展，当然产生了剧烈的消极影响，在经济方面大有一蹶不振之势。但是，文化命脉却从未中断。在比较艰苦的条件下，能诗善书画之士接踵兴起，各领风骚。我市曾与北京大学在北京海淀举行书画联展，一时誉满京西，成为艺坛佳话。这在山东全省也是难能可贵的。”

季羡林先生1985年回故乡时，先后参观了临清舍利宝塔、清真寺、鳌头矶等景点。参观鳌头矶古建筑群时，季老一行人登上望河楼，看到古运河在城区蜿蜒流过，颇多感触。后来季老在为《中国城市百科丛书·临清市》一书所写的《题记》中说：“遥想当年运河繁盛时期，航船如梭，帆影入画，文人、学士、武将、巨商，联翩驶过，留下了多少流风余韵。”是的，运河文化在临清的积淀是非常丰厚的。单说烹调技艺，由于临清过去是运河上的重要码头，它融汇了南北菜系的长处而形成了自己的特点，饭菜别有一番风味，所以季老一行人在县招待所吃饭时无不拍案称奇。季老在《还乡十记》之一的《临清县招待所》一文中写道：“就在这个餐厅里，我生平第一次品尝了同时端上来的六个汤，汤汤滋味不同。同行者无不啧啧称奇，认为这是在任何地方都没有见到过的。我一向觉得，对任何国家来说，烹调技术都是文化的一部分。我的家乡竟有这样高超的烹调技术，说明它有很高的文化水平。”

五、研究与弘扬季学对家乡发展的促进作用

季老是临清一个非常宝贵的“精神宝藏”，他就如同一坛浓酒，时间越长，越发醇香，走得越远，季老在我们心中的形象就越高大。我们应该挖掘、继承、发扬季老的人格魅力，共同建设好季老的家乡临清，这就是我们对季羡林最好的纪念。临清作为国学泰斗季羡林先生的故乡，是有其巨大的文化发展优势的。当下最重要的是坚持文脉传承，加快实施彰显国学特色的城镇开发建设。临清

将统筹规划实施中洲古城保护开发，打响世界文化遗产城市品牌。正是鉴于拥有季羡林故乡和文化历史底蕴深厚的优势，在国家对国学文化的重视和社会对国学文化的渴求的大形势下，临清将以国学文化为主题，挖掘历史文化，恢复文化传统，全力打造以国学文化为主导的产业、文化、旅游、社区融合发展的国学特色小镇。以季羡林故居、憩园为中心，建设国学文化研修点；以教育产业、文化产业的发展促进国学特色小镇建设。国学特色小镇，将成为国学文化研习与艺术文创的高地、文化素养的修身领地。

（本文为2020年度聊城市哲学社会科学规划课题《季羡林的故乡情结》研究报告。课题组组长：井扬；成员：孙文昭）

◆季羡林的故乡书写研究

杨玉霞

摘要：聊城不仅是游子季羡林一生念念不忘的“故乡”，也是学者季羡林重要的书写对象和精神资源。本课题以乡愁作为研究视角，对季羡林的故乡书写展开研究。首先，整理季羡林散文中书写故乡的作品，并选择重要文本，运用文本细读法分析“故乡”在季羡林创作不同阶段所呈现的不同表征，从而构建作者追忆和想象中呈现的故乡“图景”；其次，以乡愁为视角，发掘季羡林的故乡书写对于文学史发展的意义，并联系季羡林学术及文学成就，探讨故乡聊城作为其精神资源对其产生的影响；最后，将季羡林的故乡书写对照当下，思考如何重构当下语境中的聊城“故乡新图景”，培育聊城文化群落。

季羡林（1911—2009），山东清平县（今临清市）人，国际著名东方学家、印度学家、梵语语言学家、文学翻译家、教育家。季老不仅是一位著名学者，还是一位颇具成就的散文大家，其散文内容丰富、冲淡清远。相对于对季羡林学术建树和高尚人品的高度关注，人们对季羡林散文创作的研究显得薄弱一些，对有些问题的探讨尚嫌浅泛。就如季羡林散文中的“故乡书写”，虽已有学者涉及，但仍有很大的探讨空间，值得我们继续研读探索。

“故乡”作为中国文化的重要母题之一，在不同时代、不同地域和不同艺术形式中曾被反复书写。故乡，首先是指社会地理学意义上的出生地，对作家在性格、文化、价值观塑造方面起基础作用；其次是指文化地理学意义上的精神原乡，所指涉的是作家离开出生地后对故乡在文化上、精神上的抽象想象与理想建构。对于“故乡”不同意涵层面的指认，又决定了作家故乡书写的视角与姿态的差异。一种是没有离开过故乡的，对于故乡的在场式书写方式，这一方式为作者近距离观照、体认故乡提供了最真实、丰富而深刻的经验。另一种则是离开故乡后对于故乡的回眸式想象与建构，季羡林散文中的故乡书写主要就是这种书写模式。

当下学界对于季羡林故乡书写的研究主要涉及艺术情怀、写作风格、文化根源等方面，如黄全彦《一生执着的乡土情怀——季羡林散文印象》以乡土情怀作为解读季羡林散文及文化研究的钥匙，李文莲、颜水生《论季羡林散文及其文学史意义》探讨季羡林散文创作表现出“语朴情醇”的艺术特征，刘东方《聊城文化与季羡林的散文创作》论述了聊城文化与季羡林散文写作之间的关联等。有的研究局限于个别文本细读，择取单篇作品进行解读，如《为什么是“小月亮”——细读季羡林〈月是故乡明〉》《从“月”中轻轻抽出的故乡情思——季羡林〈月是故乡明〉欣赏》。对于季羡林故乡书写的研究对挖掘作为学者和散文家季羡林的精神资源有着重要意义，同时也具有相当的研究空间。

一、季羡林的故乡书写概况

（一）季羡林散文中关涉“故乡”的篇章

季羡林于 1911 年生于山东省聊城市清平县（今临清市），6 岁即离开故乡，跟随叔父赴济南求学。地理意义上的故乡是季老的出生地聊城临清，这是养育他成长的地方。虽然季老在这片生于斯长于斯的土地上真正生活的时间只有6年，但这片土地却成为季老一生不断回顾、追忆、想象的生命原乡。

在季羡林的散文创作中，关涉“故乡”的篇章我们可以按照创作时间顺序来分为两个阶段。

1. 中华人民共和国成立前

（1）1933年12月到1934年1月，季羡林共创作了5篇散文：《枸杞树》《黄昏》《回忆》《寂寞》《年》。其中，《回忆》一文首次写到“故乡”，文中的“故乡”“母亲”字句还只是一些平实的细节，一部影片中的一帧镜头，意义尚且单薄。

（2）1934年2月到1935年，季羡林创作了《兔子》《母与子》《红》《老人》《夜来香花开的时候》等5篇散文，表达了季羡林离开故土后，对故乡的人和物的想念之情。《兔子》和《母与子》则是集中写到故乡人与物的篇章。

《兔子》中“我”在自己的新家得了三只可爱的兔子，欣喜不已，但后来母兔子不见了，两只小兔子也不见了，作者在悲痛之余，“想到了故乡里的母亲”。《母与子》是作者围绕母亲逝世的主题展开的，但作者关于这段经历的回忆中除了母亲还有一个老妇人，一个被夺走了希望和幻影的母亲。

（3）1935年到1947年，季羡林在留德期间创作的散文有《去故国——欧游散记之一》等。《寻梦》是季羡林身在异国、思念母亲的作品，母亲已逝，黄泉路远，现实之中的母子相见终难遂愿，但梦中却可以山高水远跋涉而来。梦，成了季老一次倾吐思念，弥补自己过错的机会。然而，“梦”毕竟是梦，醒来也只有空空的怅惘：“我怅望灰天，在泪光里，幻出母亲的面影。”

2. 中华人民共和国成立后

（1）1952年—1966年

1948 年到 1958 年间，季羡林进入了散文创作的荒芜期。1959 年到 1966 年间，季羡林散文创作较为丰富。《一双长满老茧的手》中，作者由公交车上所见一位老人长满老茧的手，想到了故乡初秋的庄稼地里，自己跟随母亲劳作的情景。

（2）1978 年—20 世纪 80 年代中期

1966 年—1976 年的“文革”时期也是季羡林散文创作史上的空白期。1978 年季羡林进入散文创作高潮期。《还乡十记》是 1982 年季老回到一别九年的故乡——聊城临清之后完成的作品，也是少有的直接描写故乡风土人情的作品。回到临清的季老，“……真觉得，我的家乡是非常可爱的”，因此“非写不可，欲罢不能”①，在《临清招待所》《聊城师范学院》《五样松抒情》等文中，季老表达了自己对故乡的招待所、大学的细小变化的欣喜和对人文名胜的喜爱。

（3）20 世纪 80 年代后期—2009 年

在这一时期，季羡林的散文创作涉猎广泛，颇为丰富，出版了《留德十年》《牛棚杂忆》《病榻杂记》《清华园日记》等文集。

在这期间，季老关于故乡书写的文本也十分丰富。《月是故乡明》中，他用在世界上不同国家、不同环境下看到的月亮，同故乡的月亮做了比较，感慨“这些广阔世界的大月亮，万万比不上我那心爱的小月亮”；他在《人间第一爱》中以质朴的文字、真挚的情感讲述了“母爱”的伟大，以及“子欲养而亲不待”的遗憾。另外关于故乡书写的文本还有《八十述怀》《赋得永久的悔》《我的童年》《元旦思母》等。

（二）季羡林的“乡愁”情结

季羡林 6 岁即离开故乡聊城，赴济南求学，故乡于他既是生命的原乡，又显得陌生和模糊，因此，当他回顾故乡时，就浮动

①季羡林．临清县招待所[M]// 季羡林．季羡林散文集．北京：北京大学出版社，1986：469—470.

着一种“隐现的乡愁”。

1. 作为情感状态的“乡愁”

从本体而言，乡愁是一种情感状态，“除了思乡这一直观、原始、朴素的定义外，凡现实理想不能实现的人生价值寻找和心灵归宿、寄托，以及更深层次的对自由意愿、个体价值的缅怀、审视、追思，对人的本质意义以及终极目的的向往……这些精神活动与之相应的感发情怀，都可能在乡愁一词主题题旨、题意的辐射和系统包容中”[①]。

季羡林对于故乡的情感是丰富且复杂的。首先，季羡林少小离家且父母早逝（十四岁丧父，二十岁丧母），最难忘怀家中亲人，因而每每回望故土，总是伤感不已。其次，季羡林作为现代知识分子，对于故乡的贫穷落后亦有痛切感知：在《还乡十记》中为自己家乡的贫穷而忧虑；得知自己千方百计挑选赠送故乡官庄的两千册图书由于地方保管不善而荡然无存，失望地表示“再也没有勇气和积极性”[②]过问家乡的事情。季羡林怀念自己的童年时光，不断回忆那片贫穷的土地上苦涩而温馨的岁月，期望通过变革，通过学习改变自己家乡的状况。

2. 季羡林及其作为审美创造的“乡愁”

对作家来说，乡愁的生发是一次审美创造的过程。因此书写故乡，便成为乡愁表达的题中之义。

乡愁美学下，故乡书写的表达方式是回忆和想象。在离乡后的较久时间和较长距离里，家乡的全部只能由回忆唤醒。回忆，成为唤醒故乡记忆、缓解乡愁的直接方式，并成为故乡书写者的表达策略。季羡林的《月是故乡明》中，故乡浓缩为一轮月亮，很多粗糙而痛苦的细节被隐匿或者遗忘，只有那枚“小月亮”，

①张放．中国乡愁文学研究[M]. 成都：巴蜀书社，2011.

②马景瑞．我所知道的季羡林先生[M]. 济南：山东画报出版社，2003：73.

在岁月中洒下一片清辉，为漂泊他乡的游子心头覆上温柔的暖意。

二、季羡林的故乡书写图景

（一）怀念记忆中的故乡

1. 怀念母亲

季羡林一生中，一次次回顾母亲与自己的种种细节，反复咏叹、感怀自己“树欲静而风不止，子欲养而亲不待”的深深遗憾。但在季羡林回忆母亲的散文中，却几乎没有对于母亲面容的详细描摹，更多的是一些支离破碎的细节和一些模糊的仿佛带有光晕般的记忆片段。

《兔子》中，作者“感到凄凉和寂寞”；《母与子》中，作者为母亲送葬，感受着“像一团烈焰在心里烧着，又像严冬的厚冰积在心头”，烈焰与厚冰的冰火两重天展现了作者的痛彻心扉，读来令人心酸。当作者徘徊于母亲墓前时，只能“低低地唤一声：‘母亲！’来补偿生前八年的长时间没见面的遗恨”（《去故国》）。白雾、白杨，季羡林用强烈的色彩暗示环境和心情。在《忆章用》中，季羡林再次回忆母亲，依然心痛不已：“到现在已经十年了，差不多隔几天我就会梦到母亲，每次都是哭着醒来。我甚至不敢再看讲母亲的小说、剧本和电影。”在《留德十年〈怀念母亲〉》中，作者慨叹自己是“一个缺少母爱的孩子，是灵魂不全的人”。

由于年纪尚幼便离开家乡，母亲留给季羡林的记忆越来越模糊：“但可恨的是，即使在梦中看到母亲的面影，也总是模模糊糊的。原因很简单，我的家乡是穷乡僻壤，母亲一生没照过一张相片。我脑海里那一点母亲的影子，是我在十几岁离开她时用眼睛摄取的，是极其不可靠的。可怜我这个失母的孤儿，连在梦中也难以见到母亲的真面目，老天爷不是对我太残酷了吗？”作者无法具体地描摹出母亲的样貌神情，只有记忆中一些片段式的往事，因而在《寸草心〈我的母亲〉》中，季羡林说：“从此，人天永隔，连回忆里母亲的面影都变得迷离模糊，连在梦中都见不到母亲的真面目了。这样的梦，我生平不知已有多少次。直到耄耋之年，我仍然频频梦到面目不清的母亲，总是老泪纵横，哭着醒来。对享受母亲的爱来说，我注定是一个永恒的悲剧人物了。”晚年病榻上的季羡林，写下了最后一篇怀念母亲的文章《元旦思母》。半个世纪过去了，季羡林的思母之情一如往昔，年近百岁时更是表达出亲近、追随母亲而去的愿望：“我怀念她的次数确实越来越多，灵魂的震荡越来越厉害。我实在忍受不了，真想追母亲于地下了。”

2. 故乡风物

季羡林在家乡生活了六年，这短暂的童年时光，却成为季羡林一生的回望。故乡的草木、人物，时而出现在季羡林的心头，也涌现于季羡林的笔下，成为作家故乡书写的重要内容。

在《听雨》中，季羡林提到了故乡的农作物：“我想的主要是麦子，是那辽阔原野上的青青的麦苗。……但是我拾过麦子，捡过豆子，割过青草，劈过高粱叶。我血管里流的是农民的血，一直到今天垂暮之年，毕生对农民和农村怀着深厚的感情……”

季羡林对于故乡风物的记忆十分深刻，麦苗、豆子、青草、高粱叶……这些植物生长在鲁西北贫瘠的故乡原野之上，也终其一生萦绕于季羡林的心头。

在《月是故乡明》一文中，季羡林深情地回忆道：“……我看过许许多多的月亮。在风光旖旎的瑞士莱芒湖上，在平沙无垠的非洲大沙漠中，在碧波万顷的大海中，在巍峨雄奇的高山上，我都看到过月亮，这些月亮应该说都是美妙绝伦的，我都异常喜欢。但是，看到它们，我立刻就想到我故乡中那苇坑上面和水中的那个小月亮。对比之下，无论如何我也感到，这些广阔世界的大月亮，万万比不上我那心爱的小月亮。不管我离开我的故乡多少万里，我的心立刻就飞来了。我的小月亮，我永远忘不了你！”

作者忘不掉家乡苇坑上面和水中的小月亮，忘不了自己吃过的绿豆小米稀饭，忘不了捡过麦穗的田野，忘不了难以下咽的“红的”高粱饼子……这些都是故乡赋予季羡林的记忆，既是痛苦也是甜蜜，既是当时的饥饿，也是后来一生回味的食粮。

（二）构建理想的故乡

虽然身在他乡或异邦，季羡林从未忘记过故乡，并且对故乡心心念念，尤其是对故乡的贫穷与落后，一直耿耿于怀，也为之做了多方努力。从 1974 年起，季羡林开始为故乡官庄小学的孩子们购置邮寄书籍，想以此来提高家乡人民的文化素质，但是由于村干部不够重视，小学管理不善等，书籍丢失不少。他也曾捐款给故乡的卫生室，想以此减轻家乡人民的病痛和负担，但是并没有“专款专用”。面对这种情况，季老在 1976 年曾写信对其同村后辈马景瑞谈道：“……我在几年前考虑到为我们的故乡官庄做一点事情……我设想，在十年以内，为我们庄(小学在内)建立一个有几千册书籍的图书室，再加上其他一些必要的设备(例如电视之类)……”① 信中季老言语真诚恳切，充满了对故乡的深情和热望，期望改变故乡的贫穷与落后，并为此尽一份力量，不仅自己出钱出力，还为家乡争取到德国友人的资助，并一直关注这笔资助的落实使用，为此花费了许多心血和精力。

1982 年 9 月，季羡林回到故乡，这一次还乡之行，促使他完成了《还乡十记》。之所以有此作品，既和季羡林彼时的处境有关，更是因为季羡林对于故乡崭新面貌的欣喜认识。在《还乡十记·小记》中，作者记叙下这样的心情：

“经过了长期反复地考虑，我终于冒着溽暑，带着哮喘，回到一别九年的家乡来了……真是闻所未闻，见所未见；所见所闻，

①马景瑞．我所知道的季羡林先生[M]．济南：山东画报出版社，2003：9-10.

触目快意。我的心有时候激动得似乎想要蹦出来。我一向热爱自己的家乡，热爱自己的祖国。一想到自己家乡的穷困，一想到中国农民之多、之穷，我就忧从中来，想不出什么办法，让他们很快地富裕起来。我为此不知经历了多少不眠之夜。……我觉得自己的家乡从来没有这样可爱过，自己的祖国从来没有这样可爱过。浓烈的幸福之感油然传遍了全身……”

《还乡十记》之一的《临清县招待所》一文中，季羡林赞叹自己家乡的菜肴风味：“就在这个餐厅里，我生平第一次品尝了同时端上来的六个汤，汤汤滋味不同……我的家乡竟有这样高超的烹调技术，说明它有很高的文化水平。”在《五样松抒情》中，作者透过五样松的视点发现：“辽阔的鲁西北大平原，一向是一个贫苦的地方。解放前，每一次饥荒，就不知道有多少人下关东去逃荒……农民几乎家家闹穷，看不到什么光明的前途。然而，现在却真是换了人间……整个大平原，意气风发，一片欢腾。”

在季羡林的笔下，故乡的今与昔呈现出鲜明的对比，而一如既往的是季羡林的一片游子之心，赤子之意。

三、季羡林故乡书写的意义

（一）季羡林故乡书写的文学价值

季羡林关于故乡书写的散文作品，为文学史尤其是乡土文学史添上了浓重的一笔。他独特的散文书写笔调，更为乡土散文的花园添上了新鲜而美好的芬芳。

季羡林认为，“文学最忌单调平板，必须有波涛起伏，曲折幽隐，才能有味”。他主张散文要“纯任自然”的同时，也要求散文语言的惨淡经营。他的故乡书写散文淳朴而有趣，优雅而不油滑，庄重却不呆板，自然而不雕琢。

《听雨》中写道，“看到窗外，浓绿一片，雨丝像玉帘一般，在这一片浓绿中画上了线。新荷初露田田叶，垂柳摇曳丝丝烟，几疑置身非人间”，通过比喻描写出晚春绵绵不绝的春雨，色彩鲜明，字里行间表现出春末夏初所独具的勃勃生机。又如在《回忆》中写的，“我走过都市的路，看尘烟缭绕在栉比的高屋的顶上；我走过乡间的路，看似水的流云笼罩着远村，看金海似的麦浪；我走过许许多多其他的路，看红的梅，白的雪，潋滟的流水，十里稷稷的松壑，死人的蜡黄的面色，小孩充满了生命力的踊跃”。此文写于1934年1月，那时的中国混乱无序，内忧外患，百姓流离失所，朝不保夕。作为青年知识分子的季羡林在残酷的社会现实面前无能为力，只能回忆以前的锦绣山河，怀念并不绝望，未来仍有“充满生命力的孩子”。“纵浪大化中，不喜亦不惧”，简练朴素的语言道出了过去的美景，但真正要表达的美好与希望却流露于言语之外，只可意会不可言传，使得文章含蓄隽永，韵味无穷。

季羡林散文的语言不假藻饰，不事雕琢，将深邃的思想、深沉的情感融合于自然朴实的文字语言之中。朴素的语言是他内心深处情感的自然流露，是对真实情感的感性记录，“虽然白天和黑夜仍然交替着来，我却只觉得有夜。在白天，我有颗夜的心。在夜里，夜长，也黑，长得莫名其妙，黑得更莫名其妙；更黑的还是我的心。我枕着母亲枕过的枕头，想到母亲在这枕头上想到他儿子的时候不知道流过多少泪，现在却轮到我枕着这枕头流泪了”（《母与子》）。这样发自内心的真情实感才能写出最动人心弦的文字，才能引起读者灵魂深处的共鸣。

季羡林善于用色彩来渲染人物心情，在《母与子》中写道：“草已经都转成黄色，耸立在墙头上，在秋风里打战；墙外一片黄土的墙更黄；黄土的屋顶，黄土的街道也更黄；尤其黄的是枣林里的一片黄雾，接连着更黄更黄的阴沉的秋的长天。”这是一个刚刚失去至亲之人，饱受寂寞侵袭的绝望的青年人的内心，那顶黄、顶阴沉的应该是作者的心，是一个对一切都感到寂寞和空虚的人的心。

“清水出芙蓉，天然去雕饰。”季羡林的乡土书写散文语言淳朴淡雅，清逸灵动，以简胜繁。在淳朴的字里行间空有“留白”，给人以想象的空间，朴中有巧，淡中有浓，使人从淡雅的语言中体会到浓烈的情味，这正是季羡林赋予中国散文故乡书写的价值与意义。

（二）季羡林故乡书写的社会意义

1. 感人肺腑的家国情怀

季羡林对故乡的种种书写，凸显了作者深切的家国情怀。

季羡林对母亲的爱，是深入骨髓的，这种爱不仅终身不变而且愈老弥坚。六岁即离开母亲远走他乡，这种缺失性的情感经验对季羡林影响深刻，也使得季羡林在想象中不断去重构母爱，重构与母爱相关切的故乡情景，并从这一经验出发，更加炽烈地眷恋故乡与祖国。

1946 年，季羡林在回归祖国还是重返欧洲的选择面前，毅然决定回国，因为“祖国在灾难中，在空前的灾难中”，他又是“亲老、家贫、子幼，如果不回去，就是一个毫无良心的人，失掉了人性的人”。联系《赋得永久的悔》一文中作者对母亲的那种深深依恋和痛悔之情，就可以理解作者缘何做出这一决定：“我这永久的悔就是：不该离开故乡，离开母亲。”“我后悔，我真后悔我千不该万不该离开了母亲。世界上无论什么名誉，什么地位，什么幸福，什么尊荣，都比不上待在母亲身边，即使她一个字也不识，即使整天吃‘红的’。这就是我的‘永久的悔’。”因此，季羡林回到了自己多灾多难的祖国母亲身边。

正是在这样的故乡书写中，我们感受到了学者和游子季羡林对于故土、对于母亲、对于祖国的依依深情。

2. 聊城文化形象的构建

学贯中西，通晓多种语言文字，国学大师、学界泰斗，一生平和朴素的季羡林先生已经成为聊城的文化名片之一。季羡林的故乡书写，对于塑造聊城文化形象有着重要价值。

如果说中国历史文化版图上有诸多闪光点的话，聊城的历史文化不亚于其他任何一个历史古城。聊城地处鲁文化和中原文化的交汇处及燕赵文化的边缘交织地界，作为国家级历史文化名城，是中华文明较早的发祥地之一，历史悠久，文化源远流长。但由于特定的鲁西地貌和农业文化，聊城这片土地相对贫穷落后。

季羡林的故乡书写首先记录和回顾了聊城曾经的极度贫穷，但也记录了聊城人民的保守、朴实、勤劳、善良，书写了聊城在艰难之中的成长、发展以及未来的光明与辉煌。

同时，季羡林赤诚、独特的故乡书写对于聊城文化发展也具有启迪价值，带动我们深入思考：如何推动聊城从一个小城出发走向中国、走向世界，发展形成具有自己特色的文化形象。

（本文为2020年度聊城市哲学社会科学规划课题《季羡林的故乡书写研究》研究报告。课题组组长：杨玉霞；成员：张婧磊　张雪飞　张厚刚　石小寒）

◆故乡·记忆·反哺
——季羡林故乡叙事研究

王娟

摘要：山东聊城是学术界一代宗师季羡林先生的故乡。“故乡”一词之于季羡林有着无比深厚的内涵意蕴。季羡林对故乡风景的诗意描写、对故乡土地的无限依恋、对故乡人物的热切关注体现了其深厚的家国情怀。季羡林先生对故乡经济建设、社会建设，尤其是文化建设给予了莫大的关心、支持和关注，做出很多卓有成效、影响深远的工作，受到了后人的爱戴。季先生永远是聊城人的自豪和骄傲。

一、故乡：生于斯，滋养于斯

季羡林（1911—2009），山东省聊城市临清人，享誉世界的东方学家、文学家、翻译家、史学家、教育家，被誉为学术界一代宗师，在诸多领域建立了不朽功勋。

1911年，季羡林出生于聊城市临清康庄镇一个败落的农民家庭。家里的日子极其穷苦。季羡林小时候曾饿到去枣林捡掉落的干枣果腹，坦言小时候“拾过麦子，捡过豆子，割过青草，劈过高粱叶”[①]。六岁前，季羡林曾师从马景恭先生识字。六岁离开老

①蔡德贵．季羡林之谜[M]．北京：中国书店，2008:150.

家到济南念书，虽然远离故土几十年，但季羡林先生在生活中还是延续了小时候在故乡形成的好习惯。季羡林先生近百岁时牙口依然很好，五香花生米是他平时比较爱吃的食物之一，这主要是因为临清适合种植花生，餐厅、果店处处都可以看到花生米，如今临清的刘垓子花生也非常出名。

季羡林先生在故乡的时间很短，他在国内外求学多年，后在济南、北京等地工作，无法常年侍奉在父母左右。季先生从六岁离开家乡，总共九次回临清老家。他第一次回家乡时还不到十岁。他第二次、第三次、第四次回家乡，是因为老母亲病故。1973 年，由于思念家乡心切，季羡林第五次返回故乡。1982 年，季羡林先生第六次返乡。1991 年聊城师范学院开学时，季羡林先生第七次返回临清。1997 年，季羡林在山东大学进行演讲。完成讲座后，他由济南返回家乡临清。2001 年 8 月，季羡林先生在九十大寿之际重返临清，在父母坟前行跪拜之礼。孝敬老人的传统人文精神，季先生一直没有忘却。

季羡林跟父母在一起生活的时间是很有限的。季羡林深感愧为人子，但是他对父母的惦念丝毫没有减弱。自古忠孝难以两全，生命中难免会有很多事情无法顾及，难免留下些许遗憾，心生愧疚，但做到问心无愧，尽心尽力是最重要的。

季羡林始终惦念着自己的家乡，“我血管里流的是农民的血，一直到今天垂暮之年，毕生对农民和农村怀着深厚的感情。农民最高希望是多打粮食。天一旱，就威胁着庄稼的成长。即使我长期住在城里，下雨一少，我就望云霓，自谓焦急之情，决不下于农民”①。

1992 年秋天，老家亲戚季孟祥带了家乡的红枣到北京去探望季先生。孟祥从故乡带了些新鲜的红枣给曾祖，激起了季先生深深的怀乡之弦。季羡林边吃边说：“几十年没吃了。家乡的红枣又脆

①蔡德贵．季羡林之谜 [M]. 北京：中国书店，2008:150.

又甜，很好吃。”[①]聊城古代归鲁国管辖。季羡林幼时在家乡受到的教育继承了忠孝节义、谦虚谨慎的传统思想，这对其人生的成长、人格精神的形成影响是巨大的。季羡林先生谦虚谨慎、朴实无华的人格魅力使他深受后人爱戴和仰慕。季先生贵为东方学家，却甘愿以农民身份自居，他为此感到自豪。他说：“我是农民身，我并不是多么了不起的人，我是一个十分平常的人，从来没有什么大志。今天虽然做了一些事情，但离国家、离父老乡亲对我的期望还有很大距离，因此我感到很惭愧。”[②]一代学术大师谦虚至此，让人不免肃然起敬。

二、记忆：季羡林创作中的故乡元素

聊城历史悠久，资源丰富，是黄河文明和运河文化的交汇区域。先秦时期，属鲁国管辖，儒家文化的长期浸润使得此地民风淳朴。季羡林非凡的学术成就及独树一帜的散文创作，受聊城传统文化的影响颇深。

（一）故乡风景书写

就季羡林写作中贯穿的素材而言，毫无疑问，“故乡”是非常重要的一项。季羡林对庄稼怀有特殊的感情，每每看到遍野的庄稼，他的思乡之情便畅然流露。季羡林远离故乡的日子里，心头一直萦绕着对故乡的思念。

季羡林常年居住在异国他乡，尤其是国外留学期间孤独而凄清，对故土一草一木均充满了无限怀恋。无论何时何地，季羡林皆心怀故土、情系亲人。

离开家乡的日子，季羡林常常回忆起家乡往事。每值秋季，叔父和父亲去枣林里捡干枣；烟雾缭绕、香气袭人的家乡特产熏

①蔡德贵．季羡林传[M].西安：陕西师范大学出版社，2009：497.
②曹雨一．文明中国书典·人才中国[M].太原：山西教育出版社，2012：2.

枣……诸如此类都让季羡林挂念在心。在家里欢乐的餐桌上，季羡林常常诉说关于故乡的往事，言语间自然流露出怀念故土的感情，常常让人感动不已。故乡的月亮似乎在远远地向他招手，深情地呼唤他回乡。季羡林的思乡之情可谓随着年龄的增长越发浓烈。他说："我不明白，为什么人越老对故乡感情越深。有机会我一定要回故乡住一段时间。"①

在《月是故乡明》《听雨》《还乡十记——五样松抒情》《还乡十记——聊城师范学院》《还乡十记——临清招待所》等作品中，都洋溢着季羡林先生对故乡的无比怀念和热爱之情。跟沈从文、鲁迅、余华等现当代作家一样，季羡林在作品中处处表达其热爱、怀念故乡之情。

季羡林认为："乡思并不是很舒服的事情。但是在这垂尽的五月天，当自己心里填满了忧愁的时候，有这么一团浓烈的乡思压在心头，令人感到痛苦。同时我却又爱惜这一点乡思，欣赏这一点乡思。它使我想到：我是一个有故乡和祖国的人。故乡和祖国虽然远在天边，但是现在它们却近在眼前。我离开它们的时间愈远，它们却离我愈近。我的祖国正在苦难中，我是多么想看到它啊！"② 内心深处，季羡林已与故乡、祖国浑然一体，爱乡即爱国、爱国即爱乡，国家、故乡都在其心中无法割舍。季羡林身上体现的思乡爱国的情感与聊城传统的孝道文化思想有着不可分割的联系。季羡林作为享誉世界的当代知识分子，自始至终都在关注着故乡和国家的变化，不管是人生得意还是身陷囹圄之时。季羡林对亲人的追念和对故乡的回忆，以及对祖国的忠诚，既体现了他作为知识分子的家国情怀，更是聊城文化中"忠孝爱国"精神的书写。

①季孟祥．亲情·乡情·真情[M]//人格的魅力——名人学者谈季羡林．延吉：延边大学出版社，1996:254-255.

②季羡林．海棠花[M]//盛珂，子非．北大百年散文精选．北京：中央编译出版社，2002：323.

（二）故乡亲情书写

季羡林还在读书期间就有服侍母亲的志向，“一旦大学毕业，自己找到工作，立即迎养母亲。然而没有等到我大学毕业，母亲就离开我走了，永远永远地走了”[①]。母亲在季羡林的笔下是非常高大的。他在多篇作品中深深表达了自己不能赡养母亲、对母亲溘然长逝的无边悔恨，《母与子》一文即是例证。在《赋得永久的悔》中，季羡林感慨道：“当我从北平赶回济南，又从济南赶回清平奔丧的时候，看到了母亲的棺材，看到了那简陋的屋子，我真想一头撞死在棺材上，随母亲于地下。我后悔，我真后悔，我千不该万不该离开母亲……世界上无论什么名誉，什么地位，什么幸福，什么尊荣，都比不上待在母亲身边。”[②]他沉痛指出他永久的悔是“不该离开故乡，离开母亲”。这篇文章是20世纪90年代初写成的，季先生的母亲虽已离世半个多世纪，但季羡林心中不可名状的悔恨可见一斑。季羡林非常敬爱自己的母亲，他悔恨于不能待在母亲身边。若母亲九泉之下知道他情真意切，必定为自己有个如此孝顺、体贴的儿子而自豪和感动。

2001年，季羡林在聊城、临清政府的邀请下，还乡庆祝九十大寿。季先生作成《故乡行》，对此次回乡记述颇详。其中《官庄扫墓》一篇写道：“我最关注的还是我母亲的坟。我一生不知道写过多少篇关于母亲的文章了，我也不知道有多少次在梦中同母亲见面了，但我在梦中看到的只是一个迷离的面影，因为母亲确切的模样我实在记不清了。今天我来到这里，母亲就在我眼前，只隔着一层不厚的黄土，然而却人天悬隔，永世不能见面了，我的眼泪夺眶而出，滴到了眼前的香烛上。我跪倒在母亲墓前，心中暗暗地说：‘娘啊！这恐怕是你儿子今生最后一次来给你扫墓了。将来我要睡

①季羡林．赋得永久的悔[M].北京：人民日报出版社，1996：82.
②季羡林．赋得永久的悔[M].北京：人民日报出版社，1996：82.

在你的身旁！’”[①]最后一句是那么让人动容、让人唏嘘不已。

（三）故乡猫记

季羡林很喜欢养猫，这与家乡的习俗是紧密相关的。明清时期，临清与中亚国家通商频繁，来自中亚的伊朗人带来的波斯猫与临清本地猫交配后生出稀罕的狮猫，一蓝一黄的眼睛，特别惹人喜爱。陪伴季先生晚年的小猫，就是老家人给送去的。季先生对猫的怜爱，正是从一个侧面体现了他热爱家乡的深厚感情。

季羡林先生对临清狮猫情有独钟，他找人从老家弄来两只狮猫，陪着他做学问的同时，也给他带来了诸多快乐。季先生写过三篇关于猫的作品，字里行间充分流露出波斯猫给他带来的无限乐趣。季先生作为学贯中西的学界泰斗，一生坎坷，满腹诗书，却极其关爱故乡的动物，骨血里的乡情乡愁由此可见。作为一个小时候生活在运河岸边的临清游子，季羡林先生似乎找到了精神寄托，一种对故乡怀有深深依恋的寄托。

三、反哺：学有所成、回报故乡

季羡林先生对故乡的经济建设、社会建设、文化建设等方面均给予了莫大的支持、关心和关注，并做出很多卓有成效、影响深远的工作，受到了后人的爱戴。

（一）支持家乡的基础教育事业

季羡林生于卑微穷苦之家，他后来誉满全球，尽人皆知，却从未忘记自己的农村出身，他常言，“农民的小米养活了我”。他从未将自己视为另类，而是视自己为普通的中国公民，只要人们需要，他毫不吝啬地慷慨解囊，“布衣泰斗”之称大概来源于此。季羡林曾说：“我虽已年届九旬，还希望再活上若干年，能为我们祖国，为我的故乡，为故乡的这些可爱的孩子，竭尽全力，

③胡光利．季羡林在北大[M].合肥：安徽文艺出版社，2017：364.

做一点有益的事情。”[①]

近代时期，武训因在聊城办义学而扬名。武训受到季羡林的特别推崇，他曾写信给武训的传人，说：“武训先生为千古奇人，素所景仰。以前的所谓‘批判’是不公道的，是异常荒谬的，‘四人帮’头子江青在里面起了极不光彩的作用。这位‘女皇梦’患者是靠这一次批判才‘露峥嵘’的，值得我们永远牢记。向全庄武氏族人致意。”[②]20世纪90年代，山东冠县的幺富江仿效武训办学。在办学不利之时，他到北京大学寻求季羡林的帮助。季羡林非常赏识他，将“千古一人，柳林腾辉”这一纪念武训的题词交到幺富江手上，幺富江深受鼓舞。[③]

季羡林清楚地认识到，故乡要想真正地发展起来，必须依靠教育、重视教育。而教育必然要从娃娃开始抓起。多年间，季羡林一直坚持给家乡的官庄小学寄送适宜孩子们阅读的资料。官庄小学的老师们，收到邮寄来的图书，总会小心翼翼地打开包裹，给学生们每人发一册，学生们看完后互相交换。

这些图书涉及连环画、故事书等多种类型，孩子们在渗透着季羡林先生殷殷期望的图书中学到了科学知识，明白了很多做人的道理。“孩子们难以理解，一个大教授寄来的书，怎么就那么适合他们的口味？后来，孩子们才知道，原来是季羡林只要听说有新图书出版，总要带上十几岁的孙子、孙女和外孙，一起到书店精心挑选，几个孩子是他的参谋。”[④]季羡林先生对家乡孩子们的体察关爱和良苦用心，可见一斑。

2000年9月，季羡林向临清捐赠其主编的大型藏书《传世藏书》。1987年，季先生为临清武训小学题词“春风化雨、乐育英才”。

①胡光利．季羡林在北大[M].合肥：安徽文艺出版社，2017：310.
①蔡德贵．季羡林年谱长编[M].长春：长春出版社，2010：112-113.
②胡光利．季羡林在北大[M].合肥：安徽文艺出版社，2017：341.
③蔡德贵．季羡林传[M].西安：陕西师范大学出版社，2009：498.

1992年，季羡林无意中得知，一位外国朋友打算为一所中国小学捐资，季羡林非常希望能捐给家乡的官庄小学。他热心地四处活动，深深的爱乡之情震撼了那位外国朋友，于是季羡林的心愿得以达成。为了使钱有所用，季羡林嘱托："要鼓励村里的孩子好好学习，争取多出人才。同时还要注意调动教师的积极性。只有老师认真教，学生才能学得好。"① 季羡林对家乡、对人民的热爱之情，对教育的支持之义充分显露。1994年，季羡林夫人生病正急需用钱之时，季羡林捐资一万元给官庄小学，用来发展教育事业。官庄小学以此设立了奖学金，用以督促鼓励勤奋好学的农家子弟。

（二）关心、支持聊城大学发展

1982年，季羡林先生欣然接受聊城师范学院的邀请，到校参加新生的开学典礼，还为师生们做了"《从比较文学谈到中印文化交流》的学术报告，并成为聊城师范学院第一批校外兼职教授"②。从此，季羡林先生一直关心、支持聊城大学，总是挂念着这所家乡的大学，之后多次莅临举办学术讲座，为学子们带来知识的盛宴。在被聊城师范学院敦聘为名誉院长后，他激动地说："现在我已经是我们学院的名誉院长了，学校的发展也有我一份责任与义务，我一定尽我的力量来帮助我们学院发展。"他还热情洋溢地题写了"鲁西最高学府，山东璀璨明珠"的题词和"聊城师范学院图书馆"的匾额。1999年，聊城师范学院建校二十五周年校庆之日，季羡林远道而来参加校庆典礼，并将自己主编的收录我国从先秦到晚清历朝重要典籍的大型丛书《传世藏书》（共123册）捐赠给聊城大学图书馆，这一切都深刻彰显了季先生对聊城师范学院非比寻常的感情。

2002年，聊城师范学院改名为聊城大学，在学校隆重举行揭

①于青．东方宏儒——季羡林传[M].广州：花城出版社，1998：216.

②邢培华．季羡林与聊城大学[N].聊城大学报，2009（29）[2009-07-20].

牌仪式之际，“北京大学副校长郝斌代表北京大学和季羡林先生来参加揭牌仪式，并代表季老接受了名誉校长的聘书”[①]。仪式上，郝斌先生带来了季羡林在北京301医院写成的《聊城大学揭牌仪式上的发言》，季先生对自己患病住院不能到场参礼深表遗憾。他深情地说：“无论在山东教育史上，还是在中国教育史上，聊城大学的建立，都是一件大事。”“我想赠给聊大四句话：与时俱进，戒骄戒躁，面向当前，着眼未来。”对于学校当前的任务，他说：“我们的大学刚才建成，水平不可能很好很高，这是很自然的事情。我们当前的首要任务就是向其他先进大学学习……聊城大学已经揭牌成立，一个新的发展阶段摆在我们面前，愿大家同心协力，乘长风，破万里浪，大跨步地走向更辉煌的目标。”[②]季老的殷殷故乡情，特别是他对于聊城大学的深情厚谊让人难以忘却。

2005年国庆期间，聊城大学领导到301医院看望季羡林先生。季羡林对聊城大学的发展和成长提出了自己的看法，他说：“要发展高等教育，创建高水平大学，在搞好校园硬件建设的同时，重要的是要做到广揽贤才，抓好人才队伍建设。一要注重学校内部人才队伍的培养；二要用五湖四海的战略眼光，加强国内外的校际合作与交流，注重人才选择，积极引进国外人才，大量聘任国内名校的名人名师，为我所用；三要营造一个有利于产生学术大师的良好的研究环境……老家聊城是一个历史文化名城，民间文化资源丰富，种类繁多，很多民间文化已经在这块土地上生存发展了几百年、上千年，希望学校的师生注意发掘民间优秀文化资源，抢救保护民间文化遗产，研究探讨民间文化理论与规律，弘扬中华民族的优秀文化传统，为鲁西民间文化的发展与研究做出应有的贡献。”[③]

③蔡德贵．季羡林年谱长编[M].长春：长春出版社，2010：189-190.

①胡光利．季羡林在北大[M].合肥：安徽文艺出版社，2017：336-337.

②胡光利．季羡林在北大[M].合肥：安徽文艺出版社，2017：336-337.

（三）支持家乡经济、文化事业

2009年初春，尚在医院疗养的季羡林面对家乡同志题写馆名（山东展馆参加上海世博会）的请求，欣然同意，并题写了“齐鲁青未了”的馆名。不到半年，季先生与世长辞，这次题词成为季羡林先生最后的墨宝。

1991年9月，季羡林应邀参加“孙子兵法与企业经营管理国际研讨会”。1998年，八十七岁高龄的季羡林先生为山东省企业文化学会成立十周年和即将出版的《山东企业文化建设》一书题词——“弘扬齐鲁文化，建设中国企业文化”。[①]

季羡林作为学贯中西的国学大师，秉承了中国传统知识分子一贯的爱乡、爱民、思亲的精神，充满了浓浓的家国情怀，他的事迹和光辉精神深深教育了我们年轻一代，我们要学习季老不忘本的精神，勇于创新、坚守传统，将个人奋斗与祖国振兴大业统一起来，不忘初心、砥砺前行！

（本文为2021年度聊城市哲学社会科学规划课题《故乡·记忆·反哺——季羡林故乡叙事研究》研究报告。课题组组长：王娟；成员：胡其柱 冯静 李晓煜 刘梅）

①荣滋白．企业文化之星：15年的探索与创新[M]．北京：中国工人出版社，2004：625.

◆季羡林获“状元公”奖励时间考证

吕守贤

摘要：季羡林于1926年考入山东大学附属中学（又称北园高中）学习，到1928年因日军占领济南学校被迫关闭，季羡林在这里学习了两年。在此期间，季羡林因学习成绩优秀获得了“状元公”（指前清状元、时任山东省教育厅厅长兼山东大学校长王寿彭）奖励。此事在有关季羡林的传记、文章中多有记述，流传甚广。但是，对季羡林获“状元公”奖励的具体时间，专家、学者以及诸多媒体众说纷纭，莫衷一是。笔者通过多方查阅文章、资料，溯源考证，最终使季羡林获“状元公”奖励的具体时间得以澄清和确定。

一、季羡林获“状元公”奖励的来龙去脉

季羡林获“状元公”奖励的背景和经过是怎样的呢？

1926年秋，季羡林考入山东大学附属中学，到1928年因日军占领济南，学校被迫关闭，季羡林在这里学习了两年。山大附中分文科和理科。文科校园坐落在济南北园白鹤庄，故又称北园高中。北园高中对季羡林一生影响极大，他由一个贪玩的孩子变成了一名品学兼优的学生。因为成绩优秀，季羡林还被学校监学指定为班长。对自己在北园高中经历的“浪子回头”般的蜕变，季羡林说，这“完全是由于一件非常偶然的事件”。

季羡林在自传中回忆道：当时山大校长是山东省教育厅厅长王寿彭兼任，他是前清倒数第二或第三位状元，有名的书法家。在第一年级第二学期结束时考试完毕以后，“状元公”忽然要表彰学生了。高中表彰的标准是每班的甲等第一名，平均分数达到或超过95分者，才能受到表彰。表彰的办法是得到状元公亲书的一个扇面和一副对联。王寿彭的书法本来就极有名，再加上状元公这一“吓人”的光环，因此他的墨宝就极具经济价值和荣誉意义，是很不容易得到的。当时山大附中高中共有六个班，当然就有六个甲等第一名。但他们的平均分数都没有达到95分，只有他这个甲等第一名平均分数是97分，超过了标准。因此，他就成了全校中唯一获得状元公墨宝的人，这当然算是极高的荣誉。（《季羡林自传》，当代中国出版社）从季老的这段回忆可以看到——他获得“状元公”奖励是“在第一年级第二学期结束时考试完毕以后”，即在1927年，这是非常清楚的。

二、季羡林获“状元公”奖励时间记述现状

然而，我在学习过程中发现：关于季羡林获“状元公”奖励的具体时间，众多专家、学者在有关季老的传记、著作中，也包括不少媒体所载文章，对这一“时间”的记述有“多种版本”，众说纷纭，莫衷一是。这个问题困扰了我许久，令我疑惑不解：一是怀疑季老自己的记忆是不是出现了“偏差”；二是季老获“状元公”奖励的具体时间究竟是“何年何月”。

遇到这个问题后，我曾经怀抱侥幸地认为，随着时间的推移和学习的深入，问题会自然而然地明朗，水到渠成地得以解决。可是事实并不如我所愿，随着不断学习、积淀增多，大脑中关于季老获“状元公”奖励的时间只是又增加了“新的表述”，或是已有观点的重复，使澄清问题的困扰因素越来越多，自己感到一

种积重难返的“压迫感”。

为了直观地说明现状，现将发现的有关季羡林获“状元公”奖励时间的不同表述归纳如下（每种观点仅举一二实例）。

（一）1926年末至1927年初获得奖励。例一：季羡林常说：“我是一个很容易受环境支配的人。”由于季羡林各科成绩都很优异，经常受到老师的表扬和鼓励，所以在高中阶段，他的学习热情大为高涨，第一学期就考了一个“甲等第一名”，平均分超过95分。因此，山东大学校长王寿彭亲笔写了一副对联和一个扇面奖励他，这自然更加激发了他的学习热情。季羡林回忆道：“我有意识地认真用功，是从这里开始的。”（张光璘《季羡林先生》，作家出版社）

例二：就在一年级第一学期考试结束时，状元公忽然要表彰学生了。高中学生表彰的标准是每班的甲等第一名，平均分数达到或超过95分。奖品是状元公亲手书写的一个扇面和一副对联。王寿彭的书法极为有名，他的墨宝极具经济价值和收藏价值，是很不容易得到的。高中共有六个班，便有六个甲等第一名，但是其中五人的平均分数都没有达到95分，只有季羡林这个甲等第一名平均分数为97分。因此，他就成了全校唯一获得“状元公”褒奖的学生，这当然是极高的荣誉。（胡光利、梁志刚《季羡林全传》，华中科技大学出版社）

（二）1927年夏获得奖励。例如：季羡林在山大附中最大的优胜纪略是以其学习成绩得到了“状元公”的奖赏。就在第一学年结束的时候，前清状元、山东省教育厅厅长兼山东大学校长王寿彭要表彰学生了。表彰的对象是年级的甲等第一，平均分数达到95分的学生。表彰的奖品是王寿彭手书的对联和扇面。高中六个班可以出六个甲等第一，结果平均分数超过95分的学生只有季羡林一人。王状元官拜厅长，“再加上状元这一‘吓人’的光环，因此他的墨宝就极具经济价值和荣誉意义，是很不容易得到的”。

季羡林认为，这一表彰改变了他的一生。他本来是一条“小蛇”，表彰过后，虽然难说马上由蛇变龙，但是，“也不再会是一条平庸的‘小蛇’了”（任宝祯《“一个念书的绝妙的好地方”》，原载于《联合日报》）。

（三）1928 年获得奖励。例如：山东大学蔡德贵教授在《季羡林先生生前最想做的事》（原载于《齐鲁晚报》）一文中写道：季老想写的一本书是《中外恩师谱》。他在山东大学附属高中，受到鞠思敏、王崑玉、王寿彭、祈蕴璞、完颜祥卿、尤桐、大清国先生、刘老师等众师垂青，作文《读徐文长传书后》受到王崑玉老师的赞赏，从此“荣誉感”作“美”，学习四个学期甲等第一名，得到王寿彭书法作品的奖励。另外，蔡德贵教授在其所著《季羡林年谱长编》（长春出版社，2010 年）中对此的记述为：（季羡林）从此“荣誉感”作“美”，学习四个学期甲等第一名，得到王寿彭书法作品的奖励。在这里蔡教授关于“状元公”奖励的时间与上文并无二致，也是在季羡林学习“四个学期”以后，即 1928 年。

以上是我归纳的关于季羡林获得“状元公”奖励发生时间的三种观点。

这一问题正在我的脑子里“疑雾弥漫”时，我又看到了《潍县一条胡同走出俩状元》（原载于《大众日报》）的文章。文中所指的“俩状元”，其中之一就是王寿彭。文中写道：“当时，15 岁的季羡林考进了山大附中（北园高中部）学习，第一学期的期末考试季羡林在班里考了甲等第一名，且各门课程的平均分数达到 97 分，得到王寿彭的奖励。”我看到作者对季羡林获“状元公”奖励的时间仍然沿袭“第一学期后”的表述。这使我认识到，澄清季羡林获“状元公”奖励的时间问题并非“小题大做”，而是一项必要且有意义的工作，从而更坚定了对这一问题“寻根溯源”探究“真相”的决心。

可是究竟“孰是孰非”？“真相”到底是什么呢?

三、寻根溯源，季羡林获得奖励具体时间得以确定

通过考证研究，寻求规律和真理，为胡适、陈寅恪等学界先辈所倡导并躬身实践。季羡林先生得其精要，在学术领域终生重视和践行这一治学方法，取得了举世公认的成就。对于季羡林获“状元公”奖励时间的确定，我决定“小试牛刀”，寻求事情的“真相”。

我首先想到从奖品，即王寿彭手书的对联和扇面入手。王状元手书对联的原件，就收藏在坐落于临清市的季羡林先生纪念馆内。“近水楼台先得月”，我兴冲冲地前往查看，看到了那赫然陈列的对联，其内容是：

美林老弟雅察

才华舒展临风锦

意气昂藏出岫云

王寿彭

看到对联上没有落款时间，我感到有些许的失望。不过，我仍然抱有希望，因为另外一件奖品——王状元手书的扇面，我还没有看到，心想，或许那上面就“藏着谜底”呢。然而，由于客观条件限制，我觉得短期内想亲眼看到扇面的希望渺茫。转念又想，不能看到扇面实物，倘若能知道扇面的确切内容，如果其中含有落款时间，同样可以解决问题。想到这里，我仿佛在经历了漆黑的长夜后看到天际的一抹曙光。

“思路决定出路。”我很快在《季羡林自传》《季羡林全传》和蔡德贵教授撰写的《季羡林先生生前最想做的事》中找到了扇面书写的内容。全文是：

净几单床月上初，主人对客似僧庐。
春来预作看花约，贫去易求种树书。
隔巷旧游成结托，十年豪气早消除。
依然不坠风流处，五亩园开手剪蔬。

录《樊谢山房诗》
丁卯夏五
羡林老弟正
王寿彭

看到扇面上书有时间落款，我简直要欣喜若狂了。

于是，问题迎刃而解。王寿彭手书扇面的落款时间为“丁卯夏五”。“丁卯”，可推定是1927年；“夏五”，属古时书法落款时对时季的雅称，指农历五月。至此可以得出结论：季羡林获“状元公”奖励的时间是1927年五月，即第一学年期末考试之后。

“孤证不为定说。其无反证者姑存之。”（梁启超《清代学术概论》）但是，我的这一结论，与上述季羡林在自传中的回忆相一致；与上述《“一个念书的绝妙的好地方”》一文中的记述相吻合，因此可以说是确信无疑了。

（作者单位：山东省临清市委党史研究中心）

传 承 | CHUAN CHENG

◆ 季羡林先生纪念馆

季羡林先生纪念馆坐落在临清市区南部的运河文化中心东南，古运河畔。

季羡林，字希逋，又字齐奘。1911 年 8 月 2 日出生于临清市康庄镇官庄村。少年时期在济南读书。1930 年考入清华大学西洋文学系，1935 年考取清华大学与德国的交换研究生，赴德国入哥廷根大学学习。1941 年获哲学博士学位。1945 年 10 月回国。

1946年被聘为北京大学教授，创建东方语文系并任系主任。这是我国成立最早的东方语文系，培养了大量东方学专业人才，为国家的经济建设、对外宣传、外交工作做出了重要贡献，并在学术上取得了丰硕成果。1950年加入中国民主同盟。1956年加入中国共产党，同年任中国科学院哲学社会科学部委员。1978年任北京大学副校长、中国社会科学院与北京大学合办的南亚研究所所长。1980年任国务院学位委员会委员。1984年起先后担任北京大学校务委员会副主任、名誉副主任。曾担任第二、三、四、五届全国政协委员，第六届全国人民代表大会代表和常务委员。2009年7月11日因病逝世。

季羡林先生学贯中西，汇通古今，在语言学、文化学、历史学、佛教学、印度学和比较文学等诸多领域都建树卓著，精通12国语言，堪称我国学术界的一代宗师。他是国际著名东方学家、印度学家、梵语语言学家、文学翻译家、教育家和社会活动家，被誉为“国学大师”。

为弘扬季羡林先生的治学精神和爱国情怀，中共临清市委、市政府2008年8月筹建季羡林先生纪念馆。2010年4月建成开馆。

纪念馆建筑面积3341平方米，馆名由当代著名书法家欧阳中石先生题写。纪念馆外形简洁大气，体现了季羡林先生一生简朴的风格。馆内分上下两层。第一层重点展示季羡林先生的生平事迹，共分为童年时代、济南求学、负笈清华、留德十年、学术生涯、故土情深、高山仰止7个部分，展示100多幅图片资料和部分文字资料，全面反映了季羡林先生的学术生涯及辉煌成就。第二层重点展示季羡林先生的收藏和学术研究，共分书籍展厅、手稿展厅、证书展厅、书房再现、研究中心、多媒体展示厅等6个部分。

整个纪念馆以季羡林先生从事科学研究的历程和辉煌的学术成就为主题，充分体现了一位学界泰斗严谨的治学风格、坚持不懈的探索精神，展示了季羡林先生朴实谦虚的高尚品格以及他爱祖国、爱人民、爱家乡的赤诚情怀。

◆季羡林故居及憩园

季羡林先生故居位于康庄镇官庄村，大门匾额“季羡林故居”五个字由当代著名书法家欧阳中石先生亲笔题写。1911年8月2日（农历闰六月初八），季羡林诞生在官庄村的这个小院。

季羡林故居由北房五间和东房、西房各三间组成。院子里的三棵枣树已有百年。北屋为正房，西屋是客房。东屋为厨房，现存有当年家中的一些遗物。

季羡林憩园占地五亩，实行封闭式管理。“季羡林憩园”是

由著名书法家欧阳中石先生题名。两边的对联也是欧阳中石先生亲自撰写。

季羡林憩园内有两个荷花池塘，种有季老最爱的荷花，塘边植有季老喜爱的海棠和玉兰。墓碑前的广场上，塑有季羡林先生的汉白玉像。墓园中，分别埋葬着季羡林先生的祖父祖母、父亲母亲和季羡林先生及夫人。季羡林先生去世后，临清市委、市政府与季羡林之子季承先生投资230万元，修葺故居和憩园。

季羡林先生故居和墓地，作为家乡人民及社会各界景仰缅怀季羡林先生的永久性场所，以期永怀先生之德，彰显先生爱国爱家乡的情怀，弘宣先生的学术成就，激励临清人民勠力同心，共创伟业，使运河名城临清更加秀美富饶。

◆聊城大学季羡林学院和羡林湖

一、季羡林学院

聊城大学于2013年设立了本科拔尖创新人才培养特区，主要目的是：适应建设山东省应用型人才培养特色名校的要求，立足“精英教育”，培养理论基础厚、学科背景宽、综合素质高、创新能力强、视野开阔、具有社会责任感和符合时代要求的高素质拔尖创新人才，为研究生教育输送优质生源，为企事业单位和政府机关提供具有发展潜力的高素质人才。在国学大师季羡林先生家属的支持下，冠名为季羡林学院，并于2014年7月11日举行了聊城大学季羡

林学院挂牌仪式，聘请当代书法界泰斗欧阳中石先生、著名作家卞毓方先生担任学院荣誉院长，季羡林之子季承先生担任学院顾问。

季羡林学院汲取现代高等教育的先进理念，秉承季羡林先生等著名学者的优秀教育思想，以“道德高尚、学问渊深、经世致用、追求卓越”为院训，积极探索高等教育大众化背景下人文社会学科、理工类学科拔尖创新人才培养的教育教学模式。

每学年第二学期，从人文社科类、理工科类专业大一学生中选拔 30 人左右进入学院进行重点培养，入选学生由原专业学院与季羡林学院共同培养，学籍保留在原专业学院，评奖、评优、组织发展等由原专业学院组织实施。原专业学院负责专业培养，季羡林学院负责实施素质拓展教育，注重提升学生的英语应用能力、逻辑思维与语言表达能力、科研能力与实验创新能力，拓展综合素质。申请参加本科生荣誉学士学位的学生，须在完成自己所在专业培养方案的基础上，完成本科生荣誉学士学位培养方案规定的修读学分。荣誉学士学位培养方案由荣誉挑战性课程、荣誉学士学位论文、荣誉课程助教、科研训练项目、羡林讲堂学术报告、国（境）内外游学或暑期学校课程等构成。

学院聘请具有副教授以上职称或者具有博士学位、授课效果好的教师为学生小班授课。学生免费修读季羡林学院开设的荣誉课程，取得的学分可替代部分通识教育选修课程学分。学院每学期将聘请6—8位校内外知名专家，举办各类专题讲座，开拓学生的视野。学院实行导师制，指导学生经常开展读书报告、学术沙龙和科研训练等活动。学院鼓励学生到国内外重点大学游学、参加夏令营活动，并给予适当资助。

学生在季羡林学院集中住宿统一管理，实施书院制管理模式，在宿舍区建有“羡林书院”，包括羡林书屋、学业指导室、学习研讨室、心理咨询室、综合服务室，给学生创造良好的学习环境，打造特色文化书院。

学院现有学生人数309人，其中2018级文科荣誉班、理科荣誉班、工科荣誉班共计113人，2019级文科荣誉班、理科荣誉班、工科荣誉班共计113人，2020级文科荣誉班、理科荣誉班、工科荣誉班共计83人。

学生除享受国家、省、学校设置的各类奖学金外，还享受季羡林学院单独设立的科技文化创新基金、国内外学生交流基金和“卓越人才奖学金”。在毕业时，学生将获得由聊城大学校长签发的聊城大学季羡林学院荣誉学士学位证书。

二、羡林湖

聊城大学西校区有一湖，名曰“羡林湖”，取此名是为纪念聊城大学的曾任名誉校长、著名学者季羡林先生。羡林湖湖区由东边造型优美的拱桥和西面的平桥分为三部分。

羡林湖东侧的拱桥名为“望月桥”，可向四方观望，西侧的平桥名为“观瀑桥”，旁有泉眼流瀑，名曰“卧龙瀑”，背靠一座

土坡，唤作“朝凤坡”，取“百鸟朝凤”之意，坡上修一亭，唤作“季亭”。

2014年，季羡林铜像落成于羡林湖南岸，背靠羡林湖，面向七星泉，与北岸朝凤坡上的季亭隔湖相望。

◆ 羡林学者培育工程实施办法*

聊城市哲学社会科学研究规划领导小组办公室
中共聊城市委组织部
中共聊城市委宣传部
聊城市人力资源和社会保障局
聊城市财政局
聊城市社会科学界联合会
文件

聊社规办发〔2020〕1号

羡林学者培育工程实施办法

为加快培养哲学社会科学中青年骨干和学术带头人，逐步造就一支市内业绩突出、省内国内有良好影响的"社科聊军"，推动聊城各项工作在全省"争创一流、走在前列"，经研究，决定实施聊城市哲学社会科学优秀人才培育工程。该工程以享誉中外的社会科学名家、聊城籍著名学者季羡林先生名字命名，

— 1 —

为加快培养哲学社会科学中青年骨干和学术带头人，逐步造就一支市内业绩突出、省内国内有良好影响的"社科聊军"，推

*2020年9月8日，由聊城市哲学社会科学研究规划领导小组办公室、中共聊城市委组织部、中共聊城市委宣传部、聊城市人力资源和社会保障局、聊城市财政局、聊城市社会科学界联合会联合发文。文号为：聊社规办发〔2020〕1号。

动聊城各项工作在全省“争创一流、走在前列”，经研究，决定实施聊城市哲学社会科学优秀人才培育工程。该工程以享誉中外的社会科学名家、聊城籍著名学者季羡林先生名字命名，称“羡林学者培育工程”。

一、总体要求

以习近平新时代中国特色社会主义思想为指导，深入贯彻习近平总书记在哲学社会科学工作座谈会上的重要讲话精神和《中共中央关于加快构建中国特色哲学社会科学的意见》，认真落实《中共山东省委关于加快构建中国特色哲学社会科学的实施意见》《中共聊城市委关于加快构建中国特色哲学社会科学的实施意见》，认真落实中共聊城市委十三届八次、九次全体会议精神和市委书记孙爱军同志在聊城市社会科学界第三次代表大会上的讲话精神，坚持党管人才，坚持改革创新，坚持以人民为中心的研究导向，紧紧围绕全市高质量发展战略布局和“新时代兴聊十大工程”工作部署，着眼于培育一批秉承季羡林先生学术品格和爱国精神的杰出哲学社会科学领军人才，着眼于建设一批彰显聊城特色、鲁西风格的学术品牌，着眼于不断推出一批对决策具有重要参考价值、对经济社会发展具有积极影响的应用研究成果，精心打造在省内外具有重要影响的人才品牌工程，进而为推动聊城各项工作在全省“争创一流、走在前列”提供强有力的思想动能、智力支持和人才支撑。

二、总体目标

加快哲学社会科学人才梯队建设，着力培养中青年学术带头人，增强优秀人才储备，激励政治素质高、具有较高学术水平、突出创新能力和较大发展潜力的中青年学术骨干脱颖而出。

以 2 年为培育期，每批培育对象不超过 10 人，不断优化哲学社会科学领军人才结构，持续提升中青年学术骨干群体的实力和水平。

三、基本原则

（一）严格政治标准。培育对象要具备过硬的思想政治素质，扎实的理论功底和敬业奉献精神，良好的职业道德，严谨的科学态度，作风正派。

（二）坚持择优选聘。培育对象要以高职称、高学历、高学术水平的优秀中青年哲学社会科学工作者为主体，示范和标杆效应明显，坚持德才兼备，择优选聘，确保质量，宁缺毋滥。

（三）服务聊城发展。要立足聊城发展实际，注重向事关聊城长远发展的研究领域和优势学科倾斜，向服务党委政府中心工作的应用性、对策性研究者倾斜，向发掘聊城特色学术资源的优秀研究者倾斜，做到突出重点，兼顾其他。

四、基本条件

培育对象应具备的基本条件是：

（一）具有坚定的政治信念，在思想上政治上行动上始终同以习近平同志为核心的党中央保持高度一致，增强“四个意识”，坚定“四个自信”，做到“两个维护”。

（二）从事哲学社会科学研究或相关工作，爱岗敬业，具有良好的职业道德和科学求实、团结协作精神，年龄一般不超过42周岁。

（三）学术造诣较深，具有副高级职称资格或硕士学位，近3年来主持过市级及以上哲学社会科学规划项目，发表和出版过较高质量的论文、著作。

（四）有较强的学术带动能力，具有带领本学科、本行业冲击先进水平的潜质，是本单位、本领域的学术骨干或青年学术带头人。

（五）身体健康，年富力强，能够坚持在第一线从事学术研究、科研攻关等工作，具有指导、培养较高水平学术团队的能力和水平。

（六）热心哲学社会科学普及事业，参加过并愿意继续参与新时代文明实践社科普及志愿服务工作。

五、主要任务

在培育期内，“羡林学者培育工程”培育对象需要完成以下任务：

（一）论文任务。在学术期刊公开发表学术论文不少于4篇（1项研究成果得到市党政主要领导同志肯定性批示抵顶1篇论文任务，出版1部学术专著抵顶2篇论文任务），其中至少有1篇在核心期刊发表（独立署名或第一作者）。

（二）课题任务。每年主持完成一项市级重点研究课题，或每年完成一篇决策建议报告（得到市级及以上党政领导肯定性批示）。如新主持1项省部级及以上社科研究课题，或获得1项省级社会科学优秀成果奖的，视为完成培育期内课题任务。

（三）学术活动任务。积极参加组织实施部门举办的学术活动，每年至少参加一次省级及以上学术会议。

（四）其他任务。完成组织实施部门委托的临时性任务。

六、培育措施

（一）每年委托每个培育对象主持1项市级哲学社会科学研究重点课题。

（二）每年每个培育对象资助人才补贴2万元。

（三）举办专题培训班、研修班，提升培育对象的学术能力和水平。

（四）优先推荐参加市级以上培训进修和学术交流活动。

（五）督促培育对象所在单位提供必要的科研条件，支持他们牵头组建学术团队，推动学科发展和学术梯队建设。

七、遴选程序

（一）组织推荐。面向社会发布信息，组织各县（市区）、市直各有关单位推荐人选，符合条件的个人也可以向所在单位自荐。

（二）资格初审。对推荐人选资格条件进行初审，确定初步人选名单。

（三）审核评审。召开评审会议，采取领导和专家相结合的方式对初步人选进行审核，本着优中选优原则，确定培育对象人选。

（四）考察公示。组织对培育对象人选进行实地考察，考察结束，面向社会进行公示。

（五）确定人选。根据考察公示情况，综合研究确定培育对象名单。培育对象一经确定，即为“聊城市青年学术带头人”。

（六）进行备案。将确定的培育对象名单报中共聊城市委人才工作领导小组办公室、中共聊城市委宣传部、聊城市人力资源和社会保障局备案。

八、考核管理

培育对象的考核分年度考核与终期考核，由组织实施部门负责。

年度考核不合格者，或调离聊城，或因违反职业道德、触犯法律等行为受到处理的，停止培育，并取消“聊城市青年学术带头人”资格。

终期考核合格者，由聊城市哲学社会科学研究规划领导小组办公室、聊城市社会科学界联合会命名为“羡林学者”并颁发证书，并在中共聊城市委人才工作领导小组办公室、中共聊城市委宣传部、聊城市人力资源和社会保障局备案。

被命名为“羡林学者”的哲学社会科学工作者纳入“水城优才”管理，并优先推荐参评山东哲学社会科学领军人才“111工程”等省级及以上哲学社会科学类人才工程。

九、组织领导

（一）“羡林学者培育工程”是聊城市重大人才工程的重要组成部分，是“水城优才”工程在社会科学界组织实施的具体方式，是培养哲学社会科学高层次人才的重要支撑。由中共聊城市委人才工作领导小组统一领导，中共聊城市委人才工作领导小组办公室、中共聊城市委宣传部和聊城市人力资源和社会保障局负责指导协调，聊城市哲学社会科学研究规划领导小组办公室和聊城市社会科学界联合会负责组织实施。

（二）“羡林学者”培育对象所在单位要高度重视，努力营造良好的工作、生活环境，提供优质服务，协助解决工作中遇到的各种困难和问题，支持鼓励他们创作出更多成果。

（三）加大对“羡林学者培育工程”的宣传力度，大力宣传其先进事迹，唱响“羡林学者”品牌，努力营造尊重、支持、崇尚优秀人才的良好氛围，确保“羡林学者培育工程”取得实效。

（四）建立“羡林学者”服务和推进机制，由组织实施部门适时组织开展羡林学者论坛、成果推介、青年计划、创新团队等系列活动，助力发挥“羡林学者”的带动作用、提升社科人才整体水平。

（五）“羡林学者培育工程”所需经费由市级财政承担，列入聊城市社会科学界联合会年度预算。

十、其他

（一）本办法由聊城市哲学社会科学研究规划领导小组办公室和聊城市社会科学界联合会负责解释。

（二）本办法自公布之日起实施。

附录一：
关于公布首届羡林学者培育对象的决定

根据聊城市哲学社会科学研究规划领导小组办公室、市委组织部、市委宣传部、市人社局、市财政局和市社科联联合印发的《“羡林学者培育工程”实施办法》（聊社规办发〔2020〕1号），聊城市哲学社会科学研究规划领导小组办公室、市社科联于2020年9月11日发出了《关于推荐首届“羡林学者”培育人选的通知》（聊社规办字〔2020〕18号）；9月14日，召开了首届羡林学者培育人选推荐工作部署会，对首届“羡林学者”培育人选的推荐工作进行安排部署。在推荐、初审的基础上，11月26日，召开了首届羡林学者培育对象评审会议，来自山东省社科联、山东社会科学院以及聊城宣传、改革、纪检、人社、财政、社科等战线的有关专家领导担任评委，经过认真细致的评审，以无记名投票的方式评出12人（按排名顺序依次录取10人，有差额）。根据考察和公示情况，经研究，确定杨宏力等10名“聊城市青年学术带头人”为首届羡林学者培育对象，现公布如下：

杨宏力，男，1979年7月出生，中共党员，聊城大学商学院副院长、教授。经济学博士，研究方向为区域发展战略与规划、农村经济学。

张兆林，男，1980 年 3 月出生，中共党员，聊城大学人文社会科学处副处长、副教授。文学博士，研究方向为文化遗产学、民俗学。

郑民德，男，1982 年 11 月出生，中共党员，聊城大学运河学研究院副院长、副教授。历史学博士，研究方向为运河文化、中国古代史。

王红霞，女，1981 年 5 月出生，中共党员，聊城大学马克思主义学院副教授。历史学博士，研究方向为马克思主义发展史、史学理论。

郭敬生，男，1980 年 10 月出生，中共党员，市委党校副教授。历史学硕士，研究方向为中国经济史、区域经济发展。

曹秀伟，女，1979 年 9 月出生，中共党员，市委党校哲社教研室副主任、副教授。哲学硕士，研究方向为中国特色社会主义理论与实践。

刘杨，女，1984 年 4 月出生，中共党员，市教育和体育局教研员。教育学硕士，研究方向为教育政策与职业教育。

史晓玲，女，1983 年 10 月出生，中共党员，市社科联（社科院）秘书长、学会科普部部长。历史学博士，研究方向为中共党史、社会经济史。

刘章发，男，1983 年 8 月出生，中共党员，东昌学院副教授。公共管理硕士，研究方向为财政税收与金融政策。

孙　剑，女，1981 年 9 月出生，中共党员，聊城职业技术学院思政部主任、讲师。法学硕士，研究方向为地方红色文化。

聊城市哲学社会科学研究规划领导小组办公室

聊城市社会科学界联合会

2020 年 11 月 26 日

附录二：
关于公布首批羡林学者青年计划培育对象的决定

为建立“羡林学者培育工程”推进机制，促进青年哲学社会科学人才水平不断提升，根据《“羡林学者培育工程”实施办法》（聊社规办发〔2020〕1号）、《羡林学者青年计划实施细则》（聊社规办发〔2020〕2号），首批羡林学者青年计划于2020年11月开始实施，在申报、初审的基础上，综合首批羡林学者青年计划评审会议意见和社会公示情况，经研究，确定巩振兴等18人为首批羡林学者青年计划培育对象，现公布如下：

巩振兴，男，1984年1月出生，中共党员，聊城大学商学院副教授。管理学博士、博士后，研究方向为组织行为与管理心理。

丛振，男，1984年4月出生，中共党员，聊城大学历史文化与旅游学院副院长、副教授。历史学博士，研究方向为旅游文化资源开发与利用。

石小寒，男，1982年1月出生，中共党员，聊城大学文学院汉语言文学系主任、副教授。文学博士，研究方向为现代文学。

李慧君，女，1982年8月出生，中共党员，聊城大学传媒技术学院副教授。文学博士，研究方向为影视文化与传播。

梁甲瑞，男，1984年3月出生，中共党员，聊城大学太平洋岛国研究中心讲师。法学博士、政治学博士后，研究方向为全球海洋治理。

王敏，女，1983年8月出生，无党派人士，聊城大学音乐与舞蹈学院副教授。音乐学博士研究生，研究方向为中外音乐。

韩晓辉，女，1981 年 8 月出生，中共党员，市委党校文史教研室副主任、讲师。文学硕士，研究方向为突发事件舆情管理。

李营，女，1987 年 7 月出生，中共党员，市委党校讲师。管理学硕士，研究方向为公共管理。

王艳，女，1980 年 11 月出生，中共党员，市委党校副教授。文学硕士，研究方向为中国特色社会主义文化建设理论与实践。

薛书敏，女，1980 年 9 月出生，九三学社社员，东昌学院副教授。社会学硕士，研究方向为家政与社会发展。

李海龙，男，1983 年 11 月出生，中共党员，东昌学院副教授。翻译硕士，研究方向为英汉对比研究。

刘聪，男，1987 年 7 月出生，中共党员，市委党史研究院研究三科科长。法学硕士，研究方向为中共党史。

张丽梅，女，1982 年 10 月出生，中共党员，聊城市技师学院文秘科科长、讲师。教育学硕士，研究方向为职业教育。

岳彩静，女，1987 年 1 月出生，中共党员，市文联创作员。艺术学博士研究生，研究方向为艺术理论与创作。

吕文冰，女，1986 年 12 月出生，中共党员，市社科联（社科院）科研规划部部长、一级主任科员。法学硕士，研究方向为马克思主义大众化。

陈翠，女，1982 年 4 月出生，无党派人士，市第四人民医院中级心理治疗师。心理学硕士，研究方向为心理咨询与治疗。

李超，男，1989 年 4 月出生，中共党员，市委党校讲师。法学硕士，研究方向为宪法与行政法。

孙青，女，1985 年 9 月出生，中共党员，东阿县委党校教研室副主任、高级讲师。文学学士，研究生学历，研究方向为农村经济。

希望巩振兴等 18 名青年学者再接再厉，在自身工作岗位和业务研究领域不断取得新成绩、新成果，切实发挥引领示范作用，带动和激励青年哲学社会科学人才不断成长，为推动聊城市哲学社会科学在全省“争创一流、走在前列”贡献智慧和力量。

聊城市哲学社会科学研究规划领导小组办公室
聊城市社会科学界联合会
2020年12月3日

附录三：
关于公布第二批羡林学者青年计划培育对象的决定

为持续推进“羡林学者培育工程”，促进我市青年哲学社会科学人才水平不断提升，根据《“羡林学者培育工程”实施办法》（聊社规办发〔2020〕1号）和《羡林学者青年计划实施细则》（聊社规办发〔2020〕2号），第二批羡林学者青年计划在推荐申报、审核审查的基础上，综合评审会议意见和社会公示情况，经研究，确定王传领等11人为第二批羡林学者青年计划培育对象，现公布如下：

王传领，男，1987年6月出生，汉族，中共党员，聊城大学传媒技术学院副教授。文艺学博士，研究方向为文艺与艺术传播。

周嘉，男，1983年8月出生，汉族，中共党员，聊城大学运河学研究院副教授。法学博士，研究方向为历史人类学、区域社会史、运河文化史、民俗研究。

郝琳娜，女，1983年12月出生，汉族，中共党员，聊城大学商学院管理工程系主任、党支部书记，副教授。管理科学与工程博士，研究方向为管理科学与工程、电子商务模式创新。

黄昊，男，1985年11月出生，汉族，中共党员，聊城大学马克思主义学院副教授。历史学博士，研究方向为中国近现代史、中国共产党革命历史与革命精神。

仲伟通，男，1988年8月出生，汉族，中共党员，聊城大学政治与公共管理学院讲师。法学博士，研究方向为马克思主义理论、党的建设。

刘娜，女，1986年1月出生，汉族，无党派，聊城大学东昌学院外国语系讲师。工商管理博士，研究方向为企业管理、企业发展与战略。

王鹏，男，1988年4月出生，汉族，中共党员，聊城大学东昌学院讲师。体育教育训练学硕士，研究方向为体育管理、学校体育。

王莹，女，1986年7月出生，汉族，中共党员，聊城大学东昌学院讲师。外国语言学及应用语言学硕士，研究方向为外国语言学及应用语言学、英语教学及文化旅游。

杜娟，女，1983年12月出生，汉族，中共党员，中共聊城市委党校讲师。计算机技术工程硕士，研究方向为行政管理、信息化与社会治理。

王禄，男，1983年7月出生，汉族，中共党员，中共聊城市委党校讲师。法学硕士，研究方向为马克思主义中国化、中国特色社会主义理论与实践。

闫文静，女，1987年3月出生，汉族，中共党员，中共阳谷县委党校讲师。汉语国际教育硕士，博士研究生（在读），研究方向为马克思主义基本原理及马克思主义与当代社会发展。

希望王传领等11名青年学者再接再厉，在自身工作岗位和业务研究领域不断取得新成绩、新成果，切实发挥引领示范作用，带动和激励青年哲学社会科学人才不断成长，为推动聊城市哲学社会科学在全省“争创一流、走在前列”贡献智慧和力量。

聊城市哲学社会科学研究规划领导小组办公室

聊城市社会科学界联合会

2021年11月8日

附录四：
关于公布首批“聊城市社会科学名家”的决定

为建立“羡林学者培育工程”推进机制，充分发挥全市社会科学界知名老专家、老学者的积极性和传帮带作用，根据《“羡林学者培育工程”实施办法》（聊社规办发〔2020〕1号）、《羡林学者名家计划实施细则》（聊社规办发〔2021〕15号），市哲学社会科学研究规划领导小组办公室、市社科联于2021年9月发出了《关于推荐首批羡林学者名家计划的通知》（聊社规办字〔2021〕22号）。在推荐、初审、评审、公示的基础上，经研究，确定马亮宽等10名同志入选首批羡林学者名家计划名单，命名为“聊城市社会科学名家”，现公布如下：

马亮宽，男，汉族，民革党员，1959年11月出生，聊城大学傅斯年研究中心主任、二级教授，享受国务院政府特殊津贴专家。曾任聊城市政协副主席、民革市委主委。研究生学历，历史学博士，研究方向为中国史、聊城文化史。出版《齐鲁士人与秦汉社会》《聊城文化史》《傅斯年评传》等十几部专著，发表论文60余篇，其中有数十篇论文发表在国内外重要报刊上，20多篇被《新华文摘》、中国人民大学复印报刊资料等转载评价，近20项论著获国家、省、部级社会科学优秀成果奖。承担国家社会科学基金项目2项，山东省社科规划项目2项。

郭学信，男，汉族，中共党员，1960年10月出生，聊城大学历史文化与旅游学院教授，硕士生导师，享受国务院政府特殊津贴专家。研究方向为区域社会史、中国古代社会史、宋史。出版《宋代士大夫群体意识研究》《唐宋聊城仕宦家族研究》《傅斯年研究》等学术专著8部，发表论文100余篇，多篇被《新华文摘》摘编，研究成果获山东省社会科学优秀成果奖一等奖1项，二等奖2项，三等奖4项。

刘如峰，男，汉族，中共党员，1955年9月出生，原中共聊城市委党史研究室主任，研究方向为中共地方党史。出版专著《范筑先与聊城保卫战》，主编《鲁西北革命史》《党和国家领导人与聊城》《刘邓大军强渡黄河资料选》《范筑先与鲁西北抗战》等多部书籍，研究成果获山东省社会科学优秀成果奖二等奖、三等奖各1项，聊城市社会科学优秀成果奖6项，其中特别奖1项。在《人民日报》《文史哲》《齐鲁学刊》等专业报刊发表论文60余篇。

高文举，男，汉族，中共党员，1955年9月出生，聊城报业传媒集团原党委书记、总编辑。研究生学历，法学硕士，研究方向为新闻理论与实践。曾获得全国百佳新闻工作者、全国优秀新闻工作者、全国报业先进经营管理工作者、山东省报业先进经营管理工作者、山东省优秀新闻工作者、山东省“泰山新闻奖”提名奖、山东省优秀宣传工作者、山东省优秀青年思想政治工作者、山东省十大杰出青年编辑、聊城市模范共产党员等荣誉，连续4年被原聊城地委、行署记大功奖励。2001年，被山东省委宣传部、省人事厅记二等功一次。采写及编发的作品获中国新闻奖、山东省精品工程奖、山东省新闻奖、中国地市报新闻奖等100余件（次）。

刘全来，男，汉族，中共党员，1959年9月出生，山东社会科学院鲁西发展研究院院长，市委原副秘书长、市委办公室原主任，聊城市专业技术拔尖人才。大学学历，研究方向为应用决策研究。主编《探索·创新·发展》《聊城地名故事》《聊城科学发展研究》《历史新起点与聊城新跨越》等多部图书，主持《关于聊城市节约集约用地情况的调研报告》等调研课题多项，获评山东省社会科学优秀成果奖三等奖1项，聊城市社会科学优秀成果奖一等奖3项。

宋庆祥，男，汉族，中共党员，1956年10月出生，大众日报社高级记者。研究方向为新闻理论、新闻史。出版《古胶生辉》《春华秋实》《小康研究》《东阿优势与开发潜力》《新闻采写技巧》《新闻稿件修改实务》《问题性系列报道理论与实务》等著作7部，研究成果获山东省社会科学优秀成果奖三等奖1项，聊城市社会科学优秀成果奖二等奖1项，烟台市社会科学优秀成果奖一等奖1项、三等奖1项。

马军，男，汉族，1952年4月出生，中共党员，聊城市文联原党组书记、主席，作协主席，国家一级作家，高级编辑。研究生学历，研究方向为现当代文学、纪实文学。出版《张海迪的故事》《故道潮》《京九潮》《警旗》《祖国不会忘记孔繁森》《楷模孔繁森》《英雄的土地》《他们感动中国》《大地放歌》等14部著作。另有30多篇散文和报告文学分别被编入13部书中，有20多部（篇）作品在国家、省、市评奖中获奖。

魏中海，男，汉族，1960年10月出生，中共党员，市委党校政治经济学教研室原主任、教授。大学学历，研究方向为马克思主义经济理论、世界经济、经济学说史。承担《农村城市化演进的一般规律与动力机制》《城市化机制问题的理性思考》等国家级课题2项，在核心期刊发表《列宁对外开放思想的丰富与发展——学习邓小平对外开放理论》等论文多篇，研究成果获评聊城市社会科学优秀成果奖多项。

任银平，男，汉族，1961 年 8 月出生，中共党员，市委宣传部原一级调研员、聊城大学思想政治理论课兼职教授。大学学历，教育学学士，研究方向为思想政治工作。主编出版著作《党在心中——聊城市“中国梦·党在心中”百姓宣讲比赛选萃》《新时代——聊城市“中国梦·新时代”百姓宣讲比赛选萃》《祖国颂——聊城市“中国梦·新时代·祖国颂”百姓宣讲比赛选萃》《话小康——聊城市百姓宣讲比赛选萃》等 10 多部。

史钊，男，汉族，1949 年 11 月出生，中共党员，原冠县地方史志办公室副主任。大学学历，文学学士，研究方向为史志编纂和研究。主编《冠县志》等 3 种新志总约 315 万字，以不同形式整理《清道光民国本冠县志》等 4 种旧志总约 220 万字，撰写论文 40 余篇，获评聊城市社会科学优秀成果奖一等奖 1 项、三等奖 4 项。

希望马亮宽等 10 名首批“聊城市社会科学名家”充分发挥理论功底深厚、社科成就突出的老学者、老专家的传帮带作用，带动和激励青年哲学社会科学人才不断成长，为推动聊城市哲学社会科学在全省“争创一流、走在前列”、全面建成社会主义现代化国家贡献智慧和力量。

聊城市哲学社会科学研究规划领导小组办公室

聊城市社会科学界联合会

2021 年 11 月 8 日

◆ 关于共建羡林学术高端讲坛的通知

各院校、党校社科联（社科处），各县（市区）委宣传部、社科联，市属开发区宣传办，各社科类研究机构、社会组织，省市两级社科普及教育基地、社会科学重点研究基地，市直有关部门（单位）：

10 月 29 日，聊城首届招才引智活动周的一项重头戏——羡林学术高端讲坛启动仪式暨纪念季羡林先生诞辰 110 周年座谈会在季羡林先生的家乡临清举行。本次活动由中共聊城市委、聊城市人民政府主办，聊城市社科联、聊城市地方史志研究院、山东社会科学院临清运河研究院、聊城大学季羡林学院承办。经过大家的共同努力，活动取得了圆满成功，在山东乃至全国社科界引起了良好反响。为充分发挥羡林学术高端讲坛的作用，促进全市社科人才不断进步，擦亮“季羡林”这张文化名片，书写新时代中国特色哲学社会科学聊城新篇章，根据活动承办单位及有关专家意见，经研究，就共建羡林学术高端讲坛事项通知如下。

一、羡林学术高端讲坛的定位

羡林学术高端讲坛是聊城社科界共享的社科交流平台，主讲者一般为应邀来聊城开展学术交流研讨的全省全国社科名家、高端人才，每场讲坛的地点由邀请单位自定，现场参加者除本单位有关人员外，鼓励“羡林学者培育工程”入选专家自愿报名参加现场交流学习。

二、成立羡林学术高端讲坛组委会

建设好、发挥好羡林学术高端讲坛的作用，是聊城社科界的共同责任。希望各院校、各有关部门（单位）进一步提高认识，积极参与，结合自身需要，不时邀请市外社科名家来羡林学术高端讲坛做学术报告，以更好地传承季羡林先生的学术品格和爱国精神，带动中青年学者不断成长，推动聊城社科研究水平不断提高。根据有关专家建议，决定成立羡林学术高端讲坛组委会，负责羡林学术高端讲坛的组织协调工作，其成员由羡林学术高端讲坛启动仪式承办单位和聊城市社科联主席团的有关同志组成，名单如下。

名誉主任：

王学臣　聊城市政协副主席，聊城大学季羡林学院院长，教授

主任：

吴文立　市社科联党组书记、主席，市社会科学院院长

副主任：

郭　杰　市委党史（市地方史志）研究院院长，市社科联副主席，编审

李新杰　市社科联党组成员、副主席，市社会科学院副院长

井　扬　山东社会科学院临清运河研究院院长，临清市委宣传部副部长、市委党史研究中心主任，聊城市社科联主席团委员，研究员

委员：

李华锋　聊城大学人力资源处处长，市社科联副主席，博士，教授

姜国峰　聊城市技师学院党委委员、院长助理，宣传处处长，市社科联副主席，教授

王春雷　市委党校理论研究室主任，市社科联副主席，副教授

崔爱民　聊城职业技术学院宣传部负责人、社科联副主席兼秘

书长，市社科联副主席，副教授

张兆林　聊城大学社科处副处长，市社科联主席团委员，博士，副教授

孔令乾　聊城大学东昌学院副院长、社科联主席，市社科联主席团委员，教授

组委会下设办公室，设在聊城市社科联，李新杰、井扬兼任办公室主任，史晓玲、吕文冰任副主任。

各院校、各部门（单位）组织举办羡林学术高端讲坛的，需要将邀请专家情况、讲授主题等提前报组委会办公室备案，并统一使用羡林学术高端讲坛 LOGO（见附件）。

三、加大对羡林学术高端讲坛的支持

全市各院校、各部门（单位）要高度重视，共同把羡林学术高端讲坛建设好、使用好。要统筹兼顾，将日常学术交流研讨与羡林学术高端讲坛结合起来，与培养有潜力的中青年骨干人才结合起来。要注重创新，搞好联动，讲究实效，促进工作。对举办羡林学术高端讲坛效果十分突出的，将在重点研究基地申报、羡林学者青年计划推荐、工作评优等方面予以倾斜，并根据实际情况对社科名家的授课费予以适当资助。

聊城市哲学社会科学研究规划领导小组办公室
聊城市社会科学界联合会
2021 年 11 月 1 日

附：羡林学术高端讲坛 LOGO

◆心有良知璞玉　笔下道德文章

——纪念季羡林先生诞辰110周年

当万顷星河闪烁星际，前行者始终引领人类上下漫溯，不断寻找光明。在今天，我们感念季羡林先生这样的前辈，给予我们前行的动力。桃李不言，下自成蹊，深圳大学郁龙余教授感怀先生师恩，著诗以纪念先生诞辰：

忽闻季师驾鹤去，便见士人欲断魂。
三朝二战茶寿志，六载五望百岁身。
宏著奥义几多识，浮财虚名不少争。
此情此景早参透，无惧无喜大化中。

仁者已萎，生者恒忆。该诗道出了季老的一生，言明了季老的风骨，我院以收到该诗为傲、品读该诗为荣，以期共同缅怀季老先生。

“忽闻季师驾鹤去，便见士人欲断魂。”110年前，先生乘鹤东来。纵使出生在一个贫困的家庭，亦不能坠其青云之志，少年时期季老先生就忍受着与母亲分别的痛苦离家求学，从济南一中到清华大学，从祖国大陆到留德十年，无不见证着这位红衣少年的成长。然历经百岁光阴，季老见识世间种种，万念归寂，驾鹤西去，引得中国学术界泣泪长诀。

“三朝二战茶寿志，六载五望百岁身。”人生兜兜转转、在命运的长河中跌宕起伏，季老再回眸已是百余岁，飞梭一般的光阴在同茶寿之年的自己相辉映。回望季老的一生，笔耕不辍，宏著奥义数不胜数，犹如中华文学的一抹灿烂暖阳。

观其文而知其品。从《清塘荷韵》到《月是故乡明》，从《留德十年》到《牛棚杂忆》，不管是清风玉露皓月荷香，还是生命长河里的觅渡时光，先生文章里都充溢着一种行文无痕的质朴品格，蕴藏在真实自然的土壤里，万物自然生长，繁华而富有生机。回看季老的散文，质朴而不失典雅，率真而不乏睿智，行文如其为人，温润儒雅真挚朴实，一片天真，毫无谎言。正如他所追求的“无名有品，无位有尊”，先生之文有一份真性情，在这份真性情里萦绕着浩然之气，纯粹而平淡。

知其品而敬其人。对季老而言，无数人艳羡的繁华终究是虚名一场，心安即是归处，不必沾染浮财与虚名。国人给季老冠上国学大师、学术泰斗的称号，他自己却在文章里这样写道：“名气是所有误解的总和，我是被世人打成了学术泰斗。”“我对自己一生的总结就是骨头硬、心肠软、怀真情、讲真话。”关于什么名号，季老都觉得是溢美之词，当真无愧于教授所言“宏著奥义几多识，浮财虚名不少争”。

当贫贱不移和宠辱不惊已经内化为灵魂之一时，他称自己“没什么了不起”。殊不知在笔端与纸张之间，先生建立起了中国知识分子追求真理、传递星火的铮铮风骨，这点风骨藏在纸上，是无数学子魂牵梦绕的理想。按季老先生自己所言，影响他一生的四句话，分别是陈寅恪所言“独立之精神，自由之思想”；胡适所言“大胆假设，小心求证”；梁漱溟所言“三军可夺帅也，匹夫不可夺志”；马寅初所言“宁为玉碎，不为瓦全，宁鸣而死，不默而生”。这份精神化为参悟人生的哲学义理，流露着坦荡、清醒、自在的人生智慧。

季老一生，清静恬淡。他对任何事情都表现得异常平和，他说他最喜欢陶渊明的诗："纵浪大化中，不喜亦不惧。应尽便须尽，无复独多虑。"喜的是诗，亦是羡林先生内心的真实写照吧。季老先生在《我的心是一面镜子》中说，我们的心都是一面镜子，可以照见我们自己和别人的善恶，当生命互为镜像的时候，可以映射无尽的深度。关于人生、关于哲学，季老用其一生体悟："此情此景早参透，无惧无喜大化中。"

正如2006年《感动中国》对季老的颁奖词所言：

智者乐，仁者寿，长者随心所欲。

曾经的红衣少年，如今的白发先生，留德十年寒窗苦，牛棚杂忆密辛多。

心有良知璞玉，笔下道德文章。

一介布衣，言有物，行有格，贫贱不移，宠辱不惊。

简短的四句话，道尽了季老的一生，他生于困苦，却以自强不息成就人生传奇。他逝于哀悼，用赤诚赢得生前身后名。而今清茶香茗流香仍在，先生超然物外的高洁情怀仍在勉励后来人，不喜不忧的人生态度也昭人明朗，让我们驻足怀念。

今天，我们怀念这位驾鹤西去的大先生，无论是上溯一段历史，还是追忆一代学者，相比于先生的纯质和品格，都已经无须赘言。当下，唯有承其精神不断前进，才应是最好的怀念。故而于学者，自当精勤为之，脚踏实地，在课堂内外习得先进知识，追随学术前沿方向；于智者，勤于思考，用高尚的理念来铸就自我；于行者，内外兼修，养浩然之气，踏出青春路上的毅然步伐，方可为慰藉。

季羡林学院全体师生奉上

2021年7月

附编

资料摘编

ZILIAOZHAIBIAN

纪念掠影 | JI NIAN LUE YING

◆季老离世周年　临清各界缅怀

7月11日，是国学大师季羡林离世一周年纪念日。当天，在季老的家乡，临清社会各界200余人齐聚季羡林憩园，献花表哀思。

7月11日上午8点半，在季羡林憩园门前，前来祭奠季羡林先生的200余人排起长队。“我早上7点半就赶到大官庄村，给季老带来两束花。”康庄镇大陈村的冯女士说，她三年前上大学时就读季老的书，现在一直没有放下，今年清明节参加了季老的骨灰安葬仪式，没想到转眼季老就去世一年了。临清二中30余名师生走进憩园，在季羡林先生墓前深深地三鞠躬。

临清二中师生在季羡林先生纪念馆参观

临清市委常委、宣传部部长张子明代表临清市委、市政府敬献花篮，季羡林生前老友、亲属献花以表哀思。

在纪念季羡林先生逝世一周年座谈会上，季羡林生前老友、亲属及曾接触过季老的社会各界人士表达了对季老的怀念之情。临清市政协原主席胡雷说，季老对家乡感情很深，并受邀担任清渊诗社社长，建社5周年时还亲笔题写了序言，近期将出版《季羡林与清渊诗社》一书以纪念季老。

季羡林先生纪念馆馆长孟凡亭说，季羡林先生纪念馆作为爱国教育基地，从4月5日开放至今，已累计接待前来参观的学生、游客万余人，其中不乏慕名而来的外省市游客。

（原载于《齐鲁晚报》2010年7月12日，记者：刘铭）

◆ 季羡林百年诞辰纪念座谈会举行

8月2日上午，纪念季羡林先生诞辰100周年座谈会在山东省临清市举行。来自社会各界及季老亲友代表等100余人参加。

山东省人大常委会原副主任王克玉，聊城市委副书记、市长林峰海出席座谈会并致辞。

季老的儿子季承先生说："我准备把他留德十年的日记整理并出版。第一卷在8月6日前后出版，主要是1935年到1936年的日记。"

《季羡林留德十年日记》共150万字左右，大约每两年一卷，计划出五卷。

季羡林，1911年8月2日出生于山东省清平县(今并入临清市)康庄镇，中国著名文学家、语言学家、教育家、社会活动家、翻译家，精通12国语言。曾长年任教北大，在语言学、文化学、历史学、佛教学、印度学和比较文学等方面都有很深的造诣，研究翻译了梵文著作和德、英等国的多部经典著作。2009年7月11日，于北京辞世。

（原载于《中国日报》2011年8月3日，记者：徐振丽）

◆季承到访聊城大学

5月6日，我校原名誉校长季羡林之子、中科院高能物理研究所原高级工程师季承来访我校。校党委副书记、校长马春林在第三会议室热情接待了客人。

座谈中，季承表示，父亲少小离家，生前一直在北大工作，但家乡的亲情、乡情却常在心中萦绕。欣闻聊城大学建立了以父亲名字命名的学院，培养高素质拔尖人才，季承说，这是对父亲最好的纪念和告慰，他代表家人感谢聊城大学的盛情美意。季承此行还专门带来了季老的书法作品“和为贵”以及一篇未发表的关于家乡的散文手稿复印件，作为聊城大学40周年校庆的礼物。他希望聊城大学能再接再厉，与时俱进，开拓创新，再上新高。

马春林表示，季老与聊城大学有着不解之缘，多年来，季老一直关心支持学校的发展，曾经多次来到聊城大学，与我们结下了深厚情谊。学校成立季羡林学院，就是为了继承季老勤勉治学的精神，教导学子以季老为榜样，树立高远的人生理想，勤勉力行，追求真理，把季老的精神一代代传承下去。今年恰逢聊城大学40周年校庆，学校还将在校园内树立一尊季老雕像，勉励广大校友和青年学生仰贤自省，发愤图强。

应我校季羡林学院师生之邀，5月7日下午，季承来到该院，与学生们进行了热烈交流。座谈中，79岁高龄的季承先生精神矍铄，与学子们分享了很多季老生前的故事。互动环节，季承先生对同学们提出的大学职业生涯规划等问题一一作答，并分享了自己的人生经验。他说，学校成立季羡林学院可谓用心良苦，希望大家努力学习，发扬季老勤奋刻苦的精神，早日成为有用之才。

季承来访期间，校党委书记李喆、原聊城师范学院党委书记赵润生也会见了季承。

（原载于《聊城大学报》2014年5月13日，原标题为《季承到访我校》）

◆山东聊城举行纪念季羡林先生逝世五周年系列活动

“季老一生秉承孔子的教诲，始终保持谦谦君子的风范，他的学问铸成大地风景，把心血汇入传统，把心灵留在东方。他的为学为文也是近百年来中国知识分子精神历程的折射。”中国孔子基金会理事长王大千11日在季羡林先生铜像揭幕、季羡林学院揭牌仪式上说。

7月11日是一代国学大师季羡林先生逝世5周年纪念日，纪念季羡林先生逝世五周年学术研讨会暨季羡林先生铜像揭幕、季羡林学院揭牌仪式当日在山东聊城举行，众多专家学者，季羡林先生生前部分亲友、弟子共同纪念缅怀季羡林先生。

中共聊城市委副书记、市长王忠林，季羡林国际文化研究院院长卞毓方，聊城大学党委书记李喆等为季羡林铜像揭幕

王大千认为，在弘扬优秀传统文化，建设山东道德高地的今天，缅怀季羡林先生，追忆师恩是一次学习和受教育的机会，季羡林先生的精神遗产是多元的、丰富的，也是永存的，在季羡林先生逝世五周年之际，缅怀季老，学习季老，传承其文化遗产和宝贵品格，具有十分重大的现实意义。

“季老平易近人，和他接近能够点播人的心灵，季老的教诲和鼓励指导永记在心。”泰山学院原党委书记、教授袁明英说。

济南市文联主席张柯表示，季羡林先生一直在思考如何将中国的传统文化弘扬出去，而且他也一直自信，能用中国的传统文化来疗救西方文明所带来的污染和灾难。

当日，季羡林先生铜像揭幕和季羡林学院揭牌仪式在聊城大学举行。聊城大学党委书记、校长马春林介绍说，聊城大学的每一步发展，都倾注了季老的心血，都离不开季老的关怀与支持，为季羡林学院揭牌、为季老雕塑铜像是为了缅怀季老，学习季老爱国奉献的情怀、谦逊纯朴的高尚品格、诲人不倦的育人之道。

学生在季羡林铜像前朗诵散文《季羡林谈人生》，纪念缅怀季羡林先生

据悉，聊城大学于2013年设立了本科拔尖人才培养特区，并在国学大师季羡林先生家属的支持下，冠名为季羡林学院。季羡林国际文化研究院院长卞毓方先生和季羡林之子季承先生分别被聘为季羡林学院的名誉院长和顾问。

“季羡林先生是聊城临清人，是享誉中外的学界泰斗。”聊城市副市长马丽红表示，聊城大学敬立季羡林先生铜像，成立季羡林学院，既是为了表达对季羡林先生的敬仰，也是为了传承季羡林先生的优秀品格。

（原载于中国新闻网，2014年7月11日，记者：曲成兰）

◆季老离世六年　临清各界缅怀

在季羡林先生逝世六周年之际，临清市于7月10日隆重举办纪念季羡林先生逝世六周年追思会、座谈会、书画展和媒体宣传等系列活动，通过不同形式纪念季老，深切表达对国学泰斗的无限哀思。

10日上午9时，在季羡林憩园，临清市举办了纪念季羡林先生逝世六周年追思会。出席活动的领导和季羡林先生亲属、康庄镇党委政府等分别敬献花篮，并参观季羡林先生故居。临清市委宣传部、康庄镇党委政府机关干部，季羡林先生亲属，当地学校师生及群众代表等共同追忆了季老一生在学术研究上取得的辉煌成就，对家乡经济建设和社会发展的帮助支持。

在随后召开的座谈会上，临清市委常委、宣传部部长衣述光代表临清市委、市政府做了讲话。他说，季羡林先生是76万临清人民的骄傲和自豪，也是大家前进的精神动力和源泉。要学习和发扬季老对祖国、对人民、对家乡无限热爱的高尚情怀；学习和发扬季老视学术为生命、贫贱不移、宠辱不惊的优秀品格；学习和发扬季老一生勤俭、淡泊名利、谦虚谨慎的可贵精神。衣述光指出，当前，临清正处在加快转型升级、实现科学发展的关键时期和攻坚时期，纪念和缅怀季羡林先生，最好的方式就是要大力弘扬先生的崇高精神和优秀品格，进一步激发全市人民热爱家乡、建设家乡的巨大热情，解放思想，开拓进取，奋发有为，努力把季羡林故乡这一人文资源优势转化为推动临清市科学发展的现实优势，不断提升运河名城的知名度和影响力，为实现临清经济社会又好又快发展而努力奋斗。

座谈会上，季羡林先生亲属代表、聊城传统文化研究会、季羡林研究专家、临清二中、市文化艺术交流中心等有关同志做了发言。会后，与会人员还参观了纪念季羡林先生逝世六周年书画展。

市委宣传部全体机关干部、宣传系统各单位主要负责人、市直有关部门政工负责人参加了活动。

（原载于《齐鲁晚报》2015 年 7 月 14 日，记者：李军）

◆聊城大学举办“传承季羡林的治学精神”读书活动

10 月 28 日，恰逢九九重阳节，季羡林读书会走进季羡林先生老家——山东聊城的聊城大学，举办了“栉风沐雨续华章——传承季羡林的治学精神”主题读书活动。活动由季羡林学院院长王学臣教授主持。季老学生梁志刚先生以“愿做抱薪传火人——我的老师季羡林”为主题，分享了季老与学生间舐犊情深、教学相长的动人故事，解读了季老的学术成果，呈现出一个非凡学者的师范精神。季羡林读书会发起人王佩芬女士介绍了季羡林读书会和季羡林先生作品研究的现状，并重点分享了季老的治学精神。主讲嘉宾秉着“抱薪传火”的热情，将季老一生勤奋刻苦、持之以恒、严谨求实的治学精神，传递给现场的每一位学子。

（原载于《中华读书报》2017 年 11 月 08 日）

◆临清市举行季羡林先生逝世八周年纪念活动

7月11日，临清市举行了季羡林先生逝世八周年的纪念活动，深切缅怀季羡林先生的崇高风范。临清市委有关负责同志及社会各界人士代表井然有序地来到先生墓前，为先生敬献花篮，并共同三鞠躬，寄托哀思。大家随后瞻仰了季羡林先生故居，进一步了解季羡林先生生平。

2009年7月11日，著名学者季羡林先生与世长辞，他是中共优秀党员，北京大学资深教授，国际著名东方学家、印度学家、

梵语语言学家、文学翻译家、教育家。先生学贯中西，汇通古今，著作等身，一生克勤克俭，正直善良，胸怀祖国，心系群众，淡泊名利，不慕浮华，深为世人景仰。

（原载于齐鲁网，2017年7月11日，记者：左新新）

◆临清市举行纪念季羡林先生逝世十周年座谈会暨《高山景行——家乡人记忆中的季羡林先生》新书发布会

7月10日，纪念季羡林先生逝世十周年座谈会暨《高山景行——家乡人记忆中的季羡林先生》新书发布会在临清举行。

2019年适逢季老逝世10周年和诞辰108周年，临清市与聊城大学季羡林学院决定联合举办纪念季羡林先生逝世十周年系列活动，旨在深切缅怀季羡林先生，回顾先生一生取得的巨大学术成就，弘扬先生热爱祖国、热爱人民、热爱家乡的崇高精神和高尚品格。季羡林生前友人、亲属、学生以及当地机关干部等参加了纪念活动，

本次座谈会暨新书发布会即系列活动中的一部分。

山东大学出版社专题部主任马银川介绍说，《高山景行——家乡人记忆中的季羡林先生》一书从家乡人忆季羡林先生、季羡林先生笔下的家乡和季羡林先生与家乡活动三个方面，收集整理了丰富的资料，内容翔实，很多资料弥足珍贵，展现了先生对家乡的深厚感情。

季羡林学生、季羡林国际文化研究院院长、中国散文家协会会长、人民日报高级记者卞毓方表示，从文化来说，季羡林先生并没有和我们生活在同一时间，他属于现在，更多的是属于未来；从思想层次来说，季羡林先生并没有和我们生活在同一频道，我们只能遥望他的背影，高山仰止，景行行止。他属于过去式，他属于现在式，他属于未来式。他的形象在未来还会被放大。

季羡林学生、国家档案局行政财务司原司长梁志刚说，季羡林先生的精神遗产，人人可以也应该继承，包括爱国、孝顺、尊师、重友、敬业、博学、求实、创新，教育了几代人，还要传下去，进入课本、教材。《高山景行——家乡人记忆中的季羡林先生》是更接地气的乡土教材，他会将其吸收写进季羡林先生传记中去。临清，季老的根在这里，是名士之乡、文化之乡，以后将让更多人受教益。

中共临清市委书记何宪卓表示，《高山景行——家乡人记忆中的季羡林先生》一书的出版发行，对于继承先生遗志、弘扬先生精神、光大先生品格，激发全市人民打造“一城三区”、建设“富美临清”的热情，具有重要的促进作用。

（原载于中国社会科学网，2019年07月14日，记者：张清俐；通讯员：井扬）

题武训故里

（由临清市委宣传部和幺富江提供）

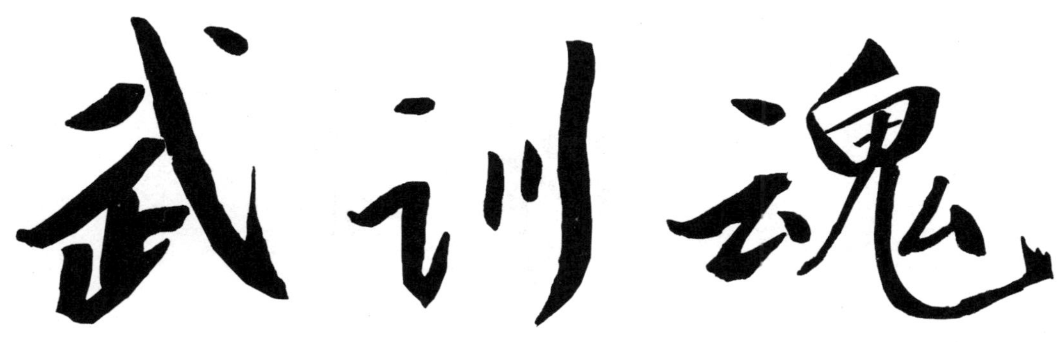

季羡林

武训魂

千古奇人
高山仰止

季羡林

千古奇人 高山仰止

千古一丐
柳林腾辉

一九九二年
季羡林
月

千古一丐　柳林腾辉

大力弘扬武训精神
努力建设希望工程

季羡林

一九九八年
三月十日

大力弘扬武训精神　努力建设希望工程

弘扬武训精神
办好民生小学

季羡林

一九九二年二月

弘扬武训精神 办好民生小学

纪念张自忠百年诞辰

鑠王師兮征荒裔
剿凶虐兮截海外
夐其邈兮亘地界
封神丘兮建隆嵑
熙帝載兮振萬世
錄班固封燕然山銘
紀念張自忠將軍誕辰百周歲
季羨林
辛未年元月

班固《封燕然山铭》：铄王师兮征荒裔，剿凶虐兮截海外。夐其邈兮亘地界，封神丘兮建隆嵑，熙帝载兮振万世！

题聊城大学

（由聊城大学党委宣传部提供）

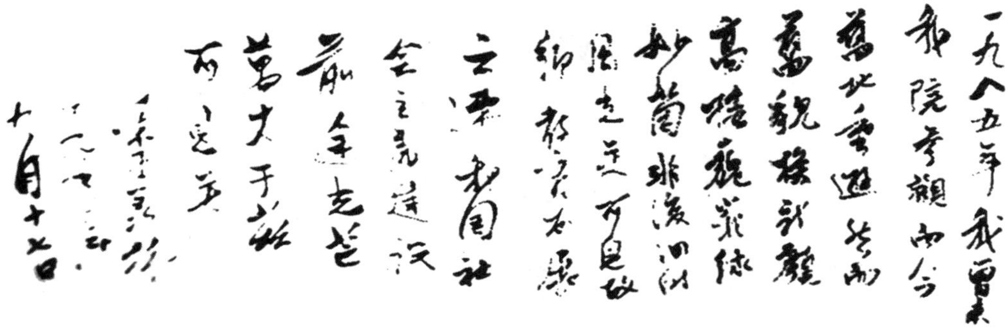

1991 年 9 月 17 日题词："一九八五年我曾来我院参观，而今旧地重游，然而旧貌变新颜，高楼巍峨绿如茵，非复旧时风光矣，可见故乡教育发展之速，我国社会主义建设前途光芒万丈，于兹可见矣。"

魯西最高學府
山東璀璨明珠
聊城师院校慶誌喜
季羡林
一九九九年八月

聊城师范学院校庆志喜：鲁西最高学府，山东璀璨明珠

敬業博學
求實創新
季羨林

聊城大学校训：敬业博学，求实创新

聊城为鲁西文化重鎮，藝文昌明，才俊輩出。歷千百年，至今未衰。聊城大学之成立，诚所谓順乎天理，应乎人情之盛举。行将見桃李遍鲁西，文风满山左，流风餘韵普及神州矣。為鲁西慶，為山東慶，為祖國慶！

祝賀

聊城大學成立

季羡林

二〇〇二年五月

祝贺聊城大学成立：聊城为鲁西文化重镇，艺文昌明，才俊辈出。历千百年，至今未衰。聊城大学之成立，诚所谓顺乎天理，应乎人情之盛举。行将见桃李遍鲁西，文风满山左，流风余韵普及神州矣。为鲁西庆，为山东庆，为祖国庆！

题临清

（由临清市委宣传部提供）

祝贺

临清日报的创刊。现在是信息化社会，信息量越大，对我们的经济和文化建设越有好处，让临清日报发展繁荣！

季羡林

二〇〇二年五月

祝贺临清日报的创刊。现在是信息化社会，信息量越大，对我们的经济和文化建设越有好处。祝临清日报发展繁荣！

臨清自古為齊魯文
化古都流風餘韻至今
未息清淵詩社詩人群
之興起非偶然也 祝
清淵詩社繼續前進
取得更輝煌勝利
季羨林
壬午夏於
北京大學

临清自古为齐鲁文化古都，流风余韵至今未息，清渊诗社诗人群之兴起非偶然也。祝清渊诗社继续前进，取得更辉煌胜利。

明清碑刻集注

季羡林题

欲穷千里目

更上一层楼

祝

清渊诗社成立十周年

季羡林

祝清渊诗社成立十周年：欲穷千里目，更上一层楼。

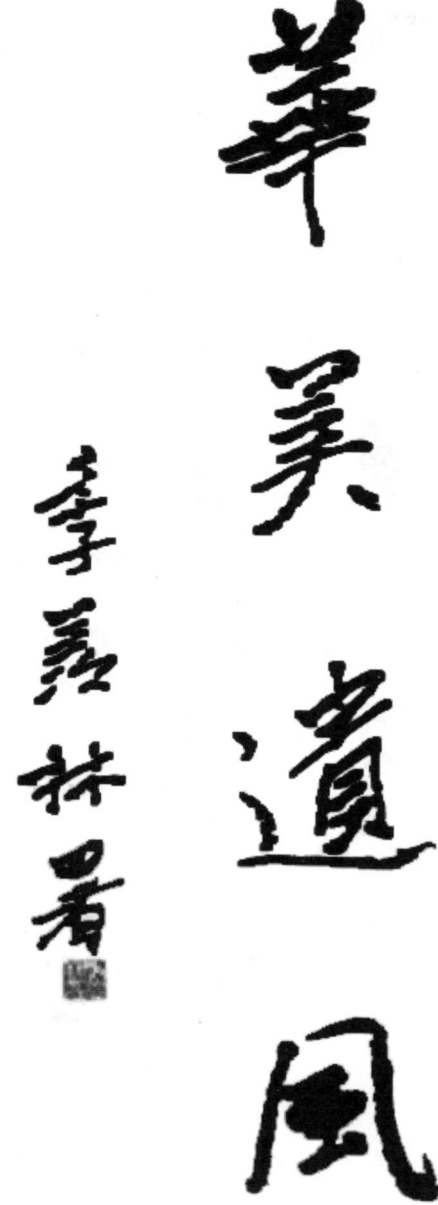

华美遗风

题场馆

（由聊城市文化和旅游局提供）

海源名阁
举世闻名
一旦恢復
萬民欢腾

季羡林
一九九九年
九月二十七日

海源名阁，举世闻名，一旦恢复，万民欢腾。

傅斯年陳列館

季羡林題

傅斯年陈列馆

中国阿胶博物館

季羡林題

中国阿胶博物馆

三碗不過岡

季羡林

三碗不过冈

其他

菩提本無樹明鏡亦非臺
佛性常清净何處有塵埃
一九九六年舊曆春節 季羨林

菩提本无树，明镜亦非台。佛性常清净，何处有尘埃。（聊城恒艺美术馆郗登敏提供）

運籌決勝神州獨步至今仍留迷魂陣

季羨林師撰聯

發潛顯幽邊裔追蹤自古豔稱智多星

學生中石敬書

运筹决胜神州独步至今仍留迷魂阵，发潜显幽边裔追踪自古艳称智多星。（为阳谷县迷魂阵孙膑阁撰，欧阳中石书）

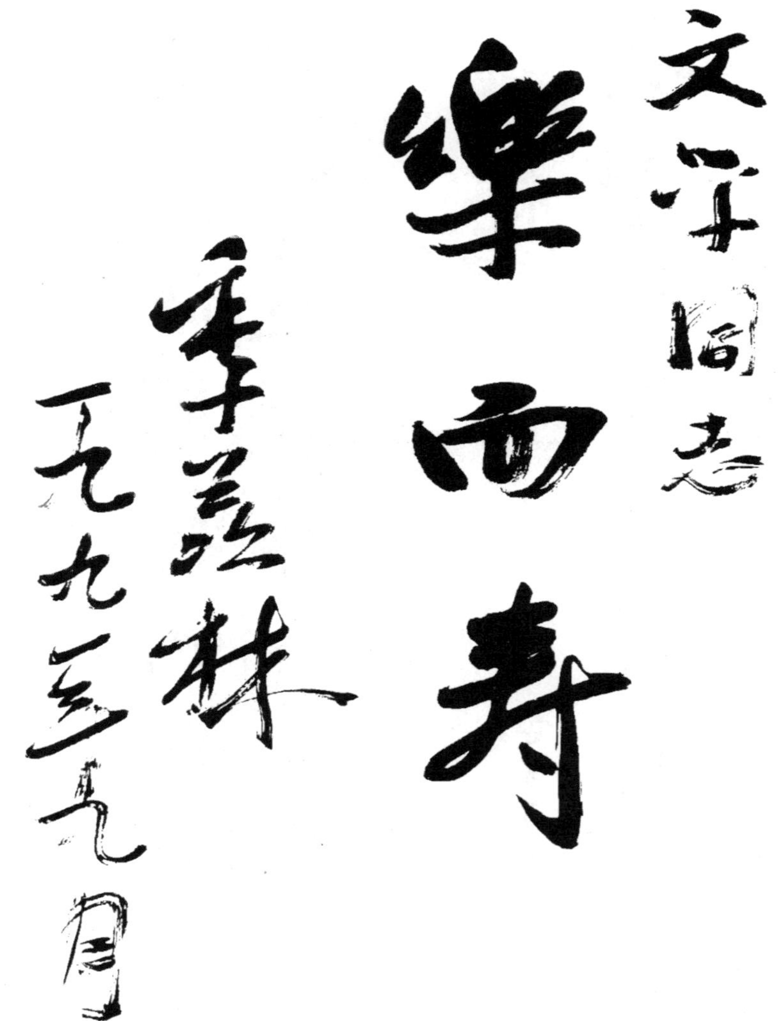

乐而寿（为聊城市社科联第一任党组书记、主席刘文学题写）

热爱祖国
孝顺父母
尊敬师长
伙伴和睦
努力学习
争取进步
将来成材
为民服务

给晓曦

季羡林 一九九六年四月

热爱祖国，孝顺父母，尊敬师长，伙伴和睦。
努力学习，争取进步，将来成材，为民服务。

（为季晓曦题写）

春梅同志雅正

慎行

季羡林

慎行（为聊城市社科联刘春梅题写）

后　记

2021年是季羡林先生诞辰110周年。早在2020年，聊城市社科联就与临清市筹划举办季老110周年诞辰纪念活动。遗憾的是，因疫情等原因，一直到今年10月29日，羡林学术高端讲坛启动仪式暨纪念季羡林先生诞辰110周年座谈会才得以在临清举行。

羡林学术高端讲坛启动仪式暨纪念季羡林先生诞辰110周年座谈会是聊城市委、市政府主办的聊城首届招才引智活动周的一项重头戏，包含三部分内容：一是羡林学术高端讲坛启动仪式；二是刚刚启动的羡林学术高端讲坛举行第一讲，专门邀请全国著名儒学专家、中国孔子学会副会长、山东大学儒学高等研究院副院长颜炳罡教授做题为《人文化成与斯文中国的重建》的学术报告；三是纪念季羡林先生诞辰110周年座谈会暨"羡林学者培育工程"现场推进会。

在各承办、协办单位的共同努力下，羡林学术高端讲坛启动仪式暨纪念季羡林先生诞辰110周年座谈会取得了圆满成功，人民网、新华网、光明网、中国青年报等主流媒体都进行了集中报道，引起了全国各界的广泛关注。活动期间，专家学者、有关领导等提出了许多好的意见建议，最集中的一条即是建议将本次活动及有关资料汇编出版以示纪念。为此，聊城市社科联经过认真研究，决定予以落实。几经商讨，形成了现在的框架。

在本书编辑过程中，编委会成员各司其职，何宪卓、王学臣两位领导同志给予了悉心指导。吴文立、井扬两位同志负责稿件的统筹协调，张戈同志负责书法真迹的收集和遴选，李新杰、王文等同志负责协调有关方面、联系出版等事宜，聊城大学、聊城市文化和旅游局、有关县（市区）的领导专家和济南出版社等，均给予了大力支持，在此一并表示衷心感谢。

季老是闻名中外的社会科学名家，是家乡的骄傲，更是一张亮丽的文化名片。纪念季老，最好、最有意义的方式是，传承他的学术品格和爱国精神，推动各项事业“争创一流、走在前列”。

愿以此与大家共勉。

编者

2021 年 12 月